Friedrich Adolph Wilhelm Diesterweg

Kritische Beiträge zur Physiologie und Pathologie

mit besonderer Berücksichtigung des Lehrbuchs der speziellen Pathologie

und Therapie des Professors Dr. Felix von Niemeyer

Friedrich Adolph Wilhelm Diesterweg

Kritische Beiträge zur Physiologie und Pathologie
*mit besonderer Berücksichtigung des Lehrbuchs der speziellen Pathologie und
Therapie des Professors Dr. Felix von Niemeyer*

ISBN/EAN: 9783743673670

Hergestellt in Europa, USA, Kanada, Australien, Japan

Cover: Foto ©ninafisch / pixelio.de

Weitere Bücher finden Sie auf **www.hansebooks.com**

KRITISCHE BEITRÄGE

ZUR

PHYSIOLOGIE und PATHOLOGIE

MIT BESONDERER BERÜCKSICHTIGUNG

DES

LEHRBUCHS

DER SPECIELLEN PATHOLOGIE UND THERAPIE

DES

PROFESSORS Dᴿ. FELIX von NIEMEYER

VON

Dᴿ. ALEXANDER DIESTERWEG.

ERSTES HEFT.

DER LUNGENKREISLAUF.

FRANKFURT ᴬ/M.

JOH. CHR. HERMANN'sche BUCHHANDLUNG

MORITZ DIESTERWEG.

1866.

§. 1.

Nach dem Urtheile einer grossen Zahl deutscher Aerzte erscheint das Niemeyer'sche Handbuch der Pathologie und Therapie als eine der gelungensten und klarsten Darstellungen, die wir besitzen. Ich bin vollständig dieser Meinung. Das Buch giebt eine so schöne Uebersicht der in der Physiologie und Heilkunde geltenden Wahrheiten und Irrthümer, dass sich schwerlich ihm ein anderes an die Seite stellen kann. Wenn ein praktischer Arzt sich erlaubt, sein Gutachten zu veröffentlichen, so geschieht dies nicht, um das Werk zu critisiren, sondern um seine Bedenken gegen diese oder jene physiologische und pathologische Lehre zu erheben. Ich benutze das Buch nur als gedrängte Uebersicht unserer Wissenschaft. Das ist der eine Grund, warum ich gerade dieses zum Vorwurf meiner Besprechung nehme. Ein zweiter ist der Umstand, dass es wohl als das am meisten verbreitete Handbuch betrachtet werden kann. Die Einwände, die ich machen werde, sind ohne Zweifel schon von vielen Collegen, die sich dieses Handbuches bedienen, erhoben worden. Hätte ich die Bedenken durch eine bessere Erklärung beseitigen können, so hätte ich diese Blätter nach der Fixirung derselben zerrissen. Da mich aber meine Gedanken nicht befriedigten, besonders, da die Lehrsätze der Physiologen und Pathologen sich anders aussprechen, so lasse ich dieselben drucken. Wenn mich Jemand eines Besseren belehrt, so will ich mir eine Zurechtweisung schon gefallen lassen.

Der erste Punkt, gegen den ich einige Bedenken zu erheben wage, befindet sich in dem Abschnitt, welcher über die Halsbräune handelt; I. Band, Seite 24, wo es heisst:

„Nach Ablauf des croupösen Prozesses im Larynx, wenn derselbe längere Zeit bestand, gehen viele Kinder an

Lungenhyperaemie und Lungenoedem, so wie an intensivem Bronchialcatarrh zu Grunde. Die verhältnissmässig geringen Erfolge der Tracheotomie bei protrahirtem Croup beruhen lediglich auf dieser Complication, deren Häufigkeit man leicht, als nothwendige Consequenz nachweisen kann. Wenn der Thorax sich erweitert, wenn die Lungenalveolen an Umfang gewinnen, während nicht gleichmässig Luft in sie eindringen kann, so muss die in den Alveolen und Bronchien enthaltene Luft ausgedehnt, verdünnt werden; die Lungen- und Bronchialschleimhaut verhält sich somit beim Croup, wie die äussere Haut, auf die man einen Schröpfkopf applicirt: Hyperämie und vermehrte Transsudation sind die nothwendigen Folgen des aufgehobenen oder doch in hohem Grade verminderten Druckes, unter welchem die Capillarwände stehen."

Meine Gründe wider diese Erklärung sind von zweierlei Gattung. Die einen kann ich nur gegen Niemeyer allein, die anderen gegen ihn und die Physiologen zugleich brauchen. Der folgende Paragraph ist für die ersten Gründe bestimmt.

§. 2.

Man begreift sofort, dass es hier auf zwei Punkte ankommt einmal, ob wirklich die Verdünnung der Lungenluft so hochgradig werden kann, dass eine namhafte Blutfülle entsteht; zweitens, ob die letztere so bedeutend werden kann, dass sie eine wässerige Ausschwitzung zur Folge haben muss.

Das erste sucht er durch den Vergleich mit dem Schröpfkopf handgreiflich zu machen. Was die Blutfülle der Lungen anbetrifft, so würde dieser Vergleich kaum vollständig ausreichen. Noch mehr bezweifle ich aber, ob man das Lungenödem darauf zurück führen kann. Zwei Gründe sind es, die dieser Annahme wider sprechen. Einmal findet man in vielen Fällen keine Flüssigkeits mengen in den Thoraxhöhlen, wo durch die grosse Steigerung de negativen Druckes eine mindestens eben so grosse oder noch be deutendere Blutfülle stattfindet; und zweitens ist es eine oft beob achtete Thatsache, dass auch eine grosse Verdünnung der Lungen luft ohne erhebliche Beschwerden ertragen werden kann.

Es handelt sich also zunächst darum, wie hoch die Luftverdünnung in den Lungen durch eine starke Einathmung getrieben
werden kann, bei gleichzeitigem Abschluss der Verbindung mit
der Atmosphäre. Es lässt sich dieses sehr leicht feststellen.
Die in der Exspirationsstellung des Thorax in den Lungen
befindliche Luft beträgt beim Erwachsenen 2 — 4000 C. C. · Das
Volumen der bei einer möglichst starken Exspiration ausgeathmeten
Luft beträgt nach Davy 2279, nach Vierodt 1800, nach Valentin
2000 — 3000, nach Thomson 3050 Ccm.

Jedenfalls geht aus diesen Zahlen hervor, dass die Volums-
zunahme der Lungen auch durch die stärkste Inspiration nicht auf
das Doppelte getrieben werden kann. Auch die grösste Anstren-
gung bei vollständigem Luftabschluss kann also den Barometerstand
der Lungenluft nicht von 28 auf 14 Zoll Quecksilber herabsetzen.
Ist dem aber so, und kann diese Luftverdünnung, wie es nach
Niemeyers Erklärung sich in der That verhalten soll, ein Lungenödem hervorrufen, so muss dasselbe eintreten, wenn ich auf an-
derem Wege diese Luftverdünnung bewirke.
Wie will man es sich denn aber erklären, dass wir z. B. auf
dem Montblanc noch existiren können ohne Croupdypnoe? Warum
zerfliessen wir dort nicht ganz in Wasser, wo wir noch 15 Zoll
Barometerstand haben? Und wie, wäre es denkbar, auf noch grössere Höhen, ja bis 24,000 Fuss und darüber zu gelangen, ohne
unser sämmtliches Blutserum zu verlieren?
Wenn ich somit dem Verfasser zugebe, dass die Luftverdünnung eine gewisse Hyperämie hervorruft, so muss ich einmal bestreiten, dass dieselbe sehr hochgradig werden kann, und zweitens
es entschieden von der Hand weisen, dass man ,durch diese Luftverdünnung ein Lungenödem erklärt. Es muss also eine andere
Ursache vorliegen, die das Oedem hervorruft.

§. 3.

Vergebens sehe ich mich um, eine genügende Erklärung für
diese Thatsache zu finden, und entdecke bei der Gelegenheit, dass
man überhaupt nicht weiss, wie ein Lungenödem entsteht. Ja,
man räumt sogar offenherzig ein. dass uns über die Circulationsverhältnisse der Lungen wenig bekannt sei.

Warum bleibt man denn nicht bei diesem offenen Bekenntniss?. Wenn wir über die Kreislaufsverhältnisse der Lungen wenig wissen,. so ist es doch fast unbegreiflich, dass man, so oft von Lungenödem die Rede ist, zu geistreichen Erklärungen greift. Es ist wirklich ein Unglück, dass die Deutschen in ihren wissenschaftlichen Ableitungen zu viel Geist besitzen.

Diese geistreichen Erklärungen verhüllen den wahren Sachverhalt und hindern uns, die Vorgänge zu überlegen und Unklarheiten auf den Grund zu kommen. Warum? Weil eine blendende Erklärung uns so einnimmt, dass wir die Sache für erledigt halten.

Ich werde eine Erklärung versuchen und nachher beweisen, dass dieselbe richtig ist, dass nur so und nicht anders ein Lungenödem entsteht. Ehe ich die Erklärung ausspreche, erlaube ich mir. aber drei Sätze vorzulegen, die ich beweisen werde. Auf diese Sätze baue ich meine Erklärung. Die Sätze klingen so paradox,. dass Jeder, der nur die gewöhnlichsten Kenntnisse der Physiologie besitzt, unwillkürlich darüber lachen muss. Auf die Gefahr hin, mich lächerlich zu machen, setze ich drei Gesetze an die Spitze, die ich Punkt für Punkt zu beweisen gedenke.

I.

Die Triebkräfte des Blutes sowie die zu überwindenden Widerstände sind im kleinen Kreislauf annähernd eben so gross, wie im Aortensystem.

II.

Die Respiration treibt das Blut im kleinen Kreislauf mit dem Kraftunterschied beider Ventrikel.

III.

Die in dem menschlichen Körper wirkenden Kräfte sind vor der Geburt dieselben wie nach der Geburt: nur in der Art der Verwendung tritt eine Veränderung ein, ohne dass die Summe der Einnahmen, der Ausgaben und der Leistungen verändert wird.

Man erschrecke nicht, dass ich, um ein Lungenödem der Halsbräune zu beweisen, auf das Placentarleben des Menschen zurück-
gehe. Ich werde mich sehr kurz fassen. Auch verspreche ich,
keine gelehrten und unverständlichen Ausdrücke zu gebrauchen.
Meine Darstellung des Placentarkreislaufs wird sehr verständlich sein. Ich muss dies ausdrücklich bemerken, weil Viele und
mit Recht bei den auseinandergehenden Ansichten bei dem Wort
„Entwicklungsgeschichte" in Schrecken gerathen.

Man erlaube mir zunächst einige allgemeine Punkte zu er-
wähnen, die von selbst einleuchten. Der Wechsel des Mediums,
den wir bei der Geburt erfahren, ist schon ein so ungeheurer
Eingriff in unsere Organisation, dass wir uns schwer das Ueber-
stehen derselben erklären könnten, wenn nicht unsere Existenz
selbst uns davon überzeugte. Die Möglichkeit, diesen Wechsel zu
überstehen, können wir uns nur dadurch verständlich machen, dass
wir annehmen, es bleibe in der letzten Zeit des foetalen Lebens
und in der ersten Zeit der Luftathmung das Gleichgewicht im
Organismus ungestört; dass also alle Kräfte des extrauterinen Da-
seins ihre Acquivalente im foetalen Dasein haben, dass, wie verschieden auch die Art der Circulation, der Resorption, der Respiration und der Secretion sein mag, doch die Einnahmen und Ausgaben unverändert dieselben bleiben.

Wir müssen ferner annehmen, dass, um mich eines technischen
Ausdrucks zu bedienen, das Maschinenwerk, welches nach der Geburt in Thätigkeit tritt, also die Action des Thorax, der Nieren
und des Darms etc. genau so viel Ernährungsmaterial erfordert,
als die Unterhaltung der alle Functionen vereinigenden foetalen
Maschine, des foetalen Theils der Placenta. Ist dem aber so, so
können wir ferner annehmen, dass der rechte Ventrikel so
viel Antheil an der Placentarcirculation nimmt, wie
später an der Lungencirculation; dass der linke Ventrikel eben so viel Antheil an der Placenta nimmt, als
später an der Darm- und Nierenfunction und der Muskelthätigkeit der Respiration. Die vom rechten Ventrikel
in die Placenta getriebene Blutmenge werde ich als functionelles
Respirationsblut bezeichnen. Die vom linken Ventrikel in die Placenta getriebene Blutmenge nenne ich functionelles Darm- und

Nieren-Blut und Ernährungszuschuss der Nieren, des Darms und
der Respiration. Wir können uns ferner das Blut der Placenta und
das Capillarnetz zerlegt denken· in respiratorische,
secretorische und resorbirende Antheile. Zu den er-
steren gesellt sich als vierter Theil noch das Ernährungsblut der Placenta, welches sich auf den gedachten.
respiratorischen, secretorischen und resorbirenden,
Placentarabschnitt vertheilt.

§. 4.

Ich bitte um Entschuldigung, dass ich die Schilderung von
drei Organen in dem Zustande, den sie uns kurz vor der Geburt
darbieten, vorausschicke. Ich hoffe darin keine Irrthümer zu be-
geben. Sollte auch hier und dort ein falscher Punkt mit unter-
laufen, so ist er doch auf die ganze Darstellung von keinem Einfluss. Ich nehme absichtlich nur mein Gedächtniss und kein Lehr-
buch zu Hülfe, weil ich sonst vielleicht gelehrt und unverständlich
schreiben würde.

Die Lungen liegen, durch ihre Elasticität fest zusammenge-
presst, neben der Wirbelsäule. Ihre Elasticität vernichtet:

a) die Räume der Alveolen und das Lumen der Bronchien,
deren Wandungen an einander liegen.

b) Das Lumen der Lungencapillaren und überhaupt aller zum
Gebiet der Pulmonalis gehörigen Gefässe. Die Ernährungs-
gefässe der Lungen, die Bronchialarterien sind allein in
Function. Die Lungen erhalten also nur so viel Blut, als
zu ihrer Ernährung nothwendig ist.

Der Thoraxraum ist weit enger, wie später in der Exspirationsstellung, nicht allein durch den höheren Stand des Zwerchfells,
sondern auch durch vollständige Erschlaffung der übrigen Inspirationsmuskeln. (Später sind sie in der Exspirationsstellung im
Zustand einer leichten permanenten Contraction, wodurch sie allein
im Stande sind, die Lungen nicht atelectatisch werden zu lassen).
Es fehlt daher der negative Druck in den Brusträumen.

Der Darm ist ohne peristaltische Bewegung. Die bei der
Verdauung thätigen Drüsen functioniren nicht. Der Darm und

seine Drüsen enthalten sehr wenig Blut, nur so viel, als zu ihrer Ernährung nothwendig ist.

Die Nieren functioniren nicht. Es circulirt sehr wenig Blut durch die Nierenarterie, nur so viel, als zur Ernährung der Nieren nothwendig ist. Von einer Filtration der *glomeruli* ist so wenig die Rede, wie von einer Diffusion der Stoffe der regressiven Metamorphose und einem Verbrennen derselben zu Harnstoff in den Epithelien der Nierenkanäle.

Wir sehen also weder die Lungen, noch den Darm, noch die Nieren in Thätigkeit. Es circulirt in ihnen nicht das zur Function dieser Organe bestimmte Blut, sondern nur ihr Ernährungsblut. Aber auch von dem Ernährungsblut der Respirations-, der Secretions- und Resorptionsorgane circulirt nur ein kleiner Theil in denselben, da die Respiration noch keine Muskelthätigkeit, die Resorption noch keine chemische Kraft der Verdauungssäfte und Triebkraft für den Chylus, die Nieren noch keine Oxydationskraft entwickeln. Jedes dieser Organe braucht, wenn es functioniren soll, nicht allein eine Blutmenge, an der es functionirt, durch Veränderung der Bestandtheile, sondern auch noch eine zweite Blutmenge, die ihm so viel Kraft zuführt, dass es diese Function übernehmen kann. Eine Unterlassung ihrer Function erfordert also ein geringeres Ernährungsmaterial.

Es fehlt also im Foetus einmal:

a) das functionelle Lungenblut,

b) das functionelle Darmblut,

c) das functionelle Nierenblut,

d. h. die drei Blutmassen, welche später durch die Function jener Organe verändert werden.

Es fehlen zweitens: Theile von

a) dem Ernährungsblut für die Respirationsmuskeln,

b) dem Ernährungsblut für Darm und seine Drüsen,

c) dem Ernährungsblut für die Nieren.

Der Fruchtkuchen übernimmt für diese drei Organe die Function. Er braucht erstens eine Blutmenge, mit der er die respiratorische, resorbirende und secretorische Thätigkeit ausführt. Er braucht zweitens eine Blutmenge, wodurch sein foetaler Theil ernährt wird.

§. 5.

Der Kreislauf findet in folgender Weise statt: Es communicirt durch das runde Loch der rechte Vorhof mit dem linken. Es communicirt die Pulmonalis mit dem Aortenbogen durch den Botallischen Gang. Die Nabelvene theilt sich in dem Lebereinschnitt in zwei Aeste; der stärkere geht als Blutleiter des *Arrantius* unter der Leber fort in die untere Hohlvene, der schwächere geht in die Leber; und das von ihm geführte Blut gelangt nach Beendigung seines. Leberkreislaufs in die Lebervene und von dort ebenfalls in die untere Hohlvene.

Die treibenden Kräfte des Blutes sind der rechte und linke Ventrikel, von denen der zweite drei Mal so stark ist, als der erste. Der Antheil, den sie an der Circulation haben, verhält sich also wie 1:3. Die Blutmasse zerfällt in zwei Hälften, welche man sich so zerlegen denken kann, dass bald von der einen, bald von der anderen Hälfte ein Theil durch die Placenta und durch die Körpercapillaren geht. Nehmen wir die Umlaufszeit des Blutes zu 30 Secunden an, so dass (auf die Zahlen kommt es gar nicht an) in 50 Herzcontractionen die ganze Blutmenge einmal die Ventrikel passirt hätte, so zerfällt die Blutmenge in 50 Theile, deren jeder gleich ist dem Inhalt beider Ventrikel zusammen und eben so gleich ist der Blutmenge, welche zwischen je zwei Contractionen aus den Körpercapillaren und Placentarcapillaren hervorgeht.

Wir wissen, dass später durch die Lungencapillaren in der Zeiteinheit dieselbe Blutmenge geht, wie durch die Körpercapillaren. Ich schliesse daraus, dass das respiratorische Bedürfniss so gross ist, dass fortwährend eine ebenso grosse Blutmenge, als durch die Körpercapillaren geht, durch Respirationscapillaren gehen muss.

Da in der Placenta allein Respirationscapillaren sind, so muss durch die Placenta in der Zeiteinheit dieselbe Blutmenge gehen, wie durch die Körpercapillaren. Es muss also die halbe Herzkraft zur Placentarcirculation verwandt werden. Es muss daher die ganze Kraft des rechten und ein Drittel der Kraft des linken Ventrikels die Placentarcirculation besorgen, da die Kräfte der Ventrikel sich wie 1:3 verhalten.

Jede der 50 Blutmengen zerfällt in vier Viertel, von denen ein Viertel vom rechten und drei Viertel vom linken Ventrikel getrieben werden.

Da zwischen je zwei Contractionen vier Viertel durch die Capillaren gehen, von denen zwei Viertel durch die Placentarcapillaren, zwei Viertel durch die Körpercapillaren passiren, so können wir uns denken, dass das eine Placentarviertel constant vom rechten Ventrikel getrieben wird unter dem Namen functionelles Respirationsblut, das zweite Placentarviertel und die beiden Körpercapillarviertel vom linken.

Wir können uns ferner denken, da zwei Placentarviertel abwechseln mit zwei Körpervierteln, dass bei jeder Systole der rechte Ventrikel ein Körperviertel übernimmt, was der linke vorher getrieben hat und es in die Placenta schickt.

Das vom rechten Ventrikel in die Placenta getriebene Viertel wechselt also mit einer Hälfte des vom linken getriebenen Körpercapillarbluts; das vom linken getriebene Placentarviertel wechselt mit dem zweiten auch vom linken getriebenen Körpercapillarviertel.

Da das Blut, welches später als functionelles Darm- und Nierenblut sowie als Ernährungszuschuss der Respirationsmuskeln, des Darms und der Nieren auftritt, vom linken Ventrikel getrieben wird, so muss es auch im Foetus vom linken Ventrikel getrieben werden.

Es muss dahin gehen, wo die Gelegenheit zur Ausübung eines Aequivalents der späteren Leistung gegeben ist, d. h. in die Placenta. Der Ernährungszuschuss der Respirationsmuskeln, des Darms und der Nieren führt hier den. Namen: Ernährungsblut der foetalen Placenta.

Da sich die getriebenen Massen verhalten wie die treibenden Kräfte, so muss also das functionelle Darm-, Nieren- und Ernährungsblut der Placenta, welches letztere aus den späteren Ernährungszuschüssen der Respirationsmuskeln, des Darms und der Nieren sich zusammensetzt, gleich sein dem vom rechten Ventrikel getriebenen Placentarblute, dem functionellen Respirationsblute.

Um Missverständnissen vorzubeugen, bemerke ich, dass das functionelle Respirationsblut nur der dritte Theil des späteren Lungencapillarbluts ist.

§. 6.

Betrachten wir zunächst nur die respiratorische Thätigkeit der Placenta, so respiriren die beiden Placentarviertel (oder wechseln mit denselben) also für die beiden Körpercapillarviertel. Es athmet also das functionelle Respirationsblut für die Hälfte des Körpercapillarbluts, sowie das zweite Viertel der Placenta, bestehend aus functionellem Darm- und Nierenblut und Ernährungsblut der Placenta, für die andere Hälfte des Körpercapillarbluts. Die Triebkräfte sind:

a) der rechte Ventrikel, welcher mit seiner Kraft ein Viertel des Blutes, das functionelle Respirationsblut durch den Pulmonalstamm, den *ductus arteriosus Botalli*, in die Aorta, Umbilicalarterien, Placenta zum rechten Vorhof treibt. Es kommt von dort durch das *foramen ovale* in den linken Vorhof, den linken Ventrikel, um im Wechsel mit einer Hälfte des Körperbluts in die Aorta, die Körpercapillaren, die Hohlvenen zum rechten Vorhof zurückzukommen und durch die *Tricuspidalis* in den rechten Ventrikel zu gelangen, von wo es seinen zweiten Kreislauf beginnt.

b) Der linke Ventrikel, von dreifacher Kraft des rechten, treibt mit zwei Dritteln seiner Arbeitskraft, also mit der doppelten Kraft des rechten, das Körperblut, bestehend aus zwei Vierteln, von denen das eine mit dem functionellen Respirationsblut abwechselt. Mit dem letzten Drittel seiner Kraft, also mit der Kraft des rechten Ventrikels, treibt der linke das letzte Viertel (eine Blutmenge gleich dem functionellen Respirationsblut, gleich der Hälfte des Körperbluts), in die Placenta.

Dieses Viertel besteht aus drei Massen, die wir der Uebersicht wegen als gleich betrachten wollen. Es wird also getrieben mit einem Neuntel der Kraft des linken Ventrikels das functionelle Nierenblut; ebenso mit einem Neuntel das functionelle Intestinalblut; mit dem dritten Neuntel das Ernährungsblut der Placenta. Diese, mit der Drittel-Kraft des linken Ventrikels getriebene Blutmenge, gelangt aus dem linken Ventrikel in die Aorta, Umbilicalarterien, Placenta, Umbilicalvene zum Lebereinschnitt. Hier theilt sie sich.

.Das functionelle Intestinalblut, der dritte Theil des Viertels geht mit dem foetalen Intestinalblut (dem Ernährungsblut der Intestina) der *Vena portarum* in die Leber, Lebervene, *cava inferior.* Die anderen Theile des Viertels, das functionelle Nierenblut und das Ernährungsblut der Placenta, gehen direct durch den *ductus venosus Arrantii* in die *cava inferior.* Durch letztere gelangt das ganze Viertel in den rechten Vorhof, durch das *foramen ovale* in den linken Vorhof, durch die *mitralis* in den linken Ventrikel, von wo dieses letzte Viertel, abwechselnd mit der zweiten Hälfte des Körperbluts in die Aorta, die Körpercapillaren, in die Hohlvenen, in den rechten Vorhof, durch das *foramen ovale* in den linken Vorhof geht, um seinen zweiten Kreislauf zu beginnen.

Es versteht sich von selbst, dass alle vier Viertel beim Passiren des rechten Vorhofs sich vermischen; wir müssen aber der Uebersicht wegen uns ihren Lauf so getrennt vorstellen, wie er eben gezeichnet wurde.

Man erlaube mir, für die Viertel der Kürze wegen die Ausdrücke, 1. und 2 Placentarviertel, 1. und 2. Körperviertel zu gebrauchen.

§. 7.

Man denke sich nun die Blutmengen auf ihren späteren Wegen, eine ideale Circulation auf Grund des foetalen Kreislaufs.

Das zweite Placentarviertel fliesst in Darm, Nieren und Muskeln ab, büsst also seine respiratorische Thätigkeit ein. Es wird dadurch, weil das zweite Placentarviertel und das zweite Körperviertel mit einander abwechseln, nicht allein ein Körperviertel ohne Respiration gelassen, sondern noch dazu ein respirirendes Placentarviertel ausser Gaswechsel gesetzt. Das erste Placentarviertel geht bei Durchgängigkeit der Lungen, nach Herstellung des negativen Drucks im Thorax, durch die Lungen, athmet für das erste Körper-Viertel, oder wechselt vielmehr mit demselben.

Man kann die Lungencapillaren wohl als ein Viertel der Gesammtcapillaren betrachten. Sträubt man sich dagegen, und will man hier sowohl wie bei dem Kraftverhältniss der beiden Ventrikel andere Zahlen haben, so steht dem nichts entgegen. Das Gesammtresultat bleibt doch dasselbe.

Das zweite Placentarviertel und das zweite Körperviertel sind ohne Respiration. Beide werden durch die *cavae* zurückkommen, beide werden durch das *foramen ovale* in die Aorta zurückkehren, um in ihren Bahnen mit einander zu tauschen, so dass das zweite Körperviertel jetzt in Darm, Nieren etc. abfliest, das zweite Placentarviertel in die Körpercapillaren geht.

Man sieht auf den ersten Blick, dass eine Aenderung eintreten muss. Das zweite Placentar- und zweite Körperviertel kann nicht ohne Gaswechsel bleiben. Die gleichzeitige Capillarcirculation von vier Vierteln genügt nicht mehr. Es müssen, um den Gaswechsel für das zweite Placentar- und zweite Körperviertel zu übernehmen, zwei neue Viertel gleichzeitig. mit durch respirirende Capillaren gehen. Es kann aber von den beiden Ventrikeln nicht verlangt werden, zu ihren vier Vierteln, die jede Contraction liefert, zwei neue Viertel hinzuzufügen. Damit wäre auch noch nichts erreicht. Es muss nicht allein eine Pumpe von der halben Herzkraft geschaffen, sondern auch noch ein Capillarnetz von dem Lumen der Hälfte der Körpercapillaren hergestellt werden.

Aber auch diese Forderungen reichen nicht aus. Es ist nicht allein eine Pumpe von der halben Herzkraft, nicht allein ein neues Capillarnetz von der Hälfte der Körpercapillaren, sondern auch noch eine Ventilation nöthig, die für die zwei neu eingetretenen Viertel, welche gleichzeitig mit den anderen die Capillaren passiren müssen, den nöthigen Gaswechsel besorgen kann.

§. 8.

Man erlaube mir einen Augenblick bei der idealen Circulation der vier Viertel nach Aufhören der Placentarathmung noch zu verweilen. Es kann diese überhaupt nur stattfinden, wenn die Inspirationsmuskeln aus dem Zustand völliger Erschlaffung in einen permanenten Tonus übergegangen sind und dadurch den absoluten negativen Druck im Thorax hergestellt haben. Es wird dadurch die Lunge durchgängig gemacht, und die sogenannte rückständige Luft in den Thorax eingeführt. Die im Thorax ausserhalb der

Lungen befindlichen Gefässe werden erweitert und behalten diese Erweiterung bei. Wie wichtig dieser Umstand für die Circulation ist, leuchtet von selbst ein, wenn man bedenkt, dass das Blut, welches zur Hälfte von der *vena umbilicalis* geführt wurde, jetzt zum Theil von der oberen Hohlvene geführt werden muss. Der absolute negative Druck macht das Netz der *pulmonalis* durchgängig. Da der Gesammtquerschnitt der Lungencapillaren höchstens ein Viertel der gesammten Capillaren beträgt, so kann ein Viertel in sie abfliessen. Die Circulation kann in folgender Weise stattfinden.

Das erste Placentarviertel, das functionelle Respirationsblut, geht durch den Pulmonalstamm. Es hat zwei Wege, in den *ductus Botalli* und die Pulmonaläste. Da durch die Verödung der Umbilicalarterien der Druck in der Aorta steigt, so geht es nicht in den *ductus Botalli*, sondern in die Lungen, kommt in den linken Vorhof und wird, wie früher, vom linken Ventrikel als Tausch gegen ein Körperviertel, als erstes Körpercapillarviertel getrieben. Der Anfangstheil der Aorta und der Pulmonalis sowie der Botallische Gang stehen natürlich unter demselben Druck. Dadurch stagnirt das Blut im *ductus Botalli*, und er kommt zur Trombose.

Das erste Placentarviertel macht so seinen doppelten Kreislauf, das eine Mal in die Lungencapillaren, das zweite Mal in die Körpercapillaren. Das zweite Placentarviertel, das functionelle Darm-, Nieren- und Ernährungsblut der Placenta, fliesst in die Nieren und den Darm etc. ab. Das Ernährungsblut der Placenta, also des Respirations-, Secretions- und Resorptionsorgans vertheilt sich mit seinem Ernährungsmaterial in den Darm, die Nieren und die Respirationsmuskeln, vollendet so seinen ersten Kreislauf, kehrt durch die *cava* in den rechten Vorhof, durch das *foramen ovale* in den linken Vorhof und durch die *mitralis* in den linken Ventrikel zurück und beginnt im Wechsel mit dem zweiten Körpercapillarviertel durch die Aorta seinen zweiten Kreislauf in die Körpercapillaren. Wir hatten uns, da die Placenta drei Functionen übernimmt, dieselbe in einen respiratorischen, resorbirenden und secretorischen Theil zerlegt gedacht. Das Ernährungsblut der Placenta, welches zur Unterhaltung des secretorischen Theils verwandt wurde, vermittelt die Nierenthätigkeit. Das Ernährungsblut der Placenta, welches zur Unterhaltung des gedachten resorbirenden Theils verwandt wurde, vermittelt die Darmthätigkeit. Das Ernährungsblut des respiratorischen Theils allein ist ohne Verwendung. Der permanente geringe Muskeltonus der Respirationsmuskeln kann nur den geringsten Theil eines Ernährungsmaterials verbrauchen, welches im Stande war, die halbe foetale Placenta zu ernähren.

So sehen wir also bei dieser idealen Circulation zwei Fehler. Einmal bleibt die Hälfte des Blutes, das zweite Placentarviertel und das zweite Körperviertel ohne Respiration; auf. der anderen Seite bleibt die Hälfte des Ernährungsmaterials der Placenta ohne Verwendung.

Man erlaube mir bei dieser idealen Circulation und Respiration welche zur Beurtheilung der Lungen- und Herzkrankheiten sehr wichtig ist, einige Namen zu registriren.

Wir haben:

a) den absoluten negativen Druck im Thorax,
b) die Lungencapillaren in ihrer Normalbreite,
c) die Lungengefässe in ihrer Normalcapacität,
d) die Alveolen und Bronchien in ihrer Normalfläche, welche für ein Drittel der Respiration ausreicht. Zum Unterschied von diesen Grössen nenne ich den Zuwachs, den alle bei der Respiration erhalten:

    ad a) die inspiratorische Schwankung,
    ad b) die Athmungsbreite,
    ad c) die Athmungscapacität,
    ad d) die Athmungsfläche.

Auf der Höhe der Inspiration besteht also der negative Druck im Thorax aus dem absoluten Druck und der inspiratorische Schwankung; nach der Exspiration nur aus der ersten Grösse ebenso summirt sich die Breite der Capillaren aus der Normalbreite und der Athmungsbreite etc. Es reicht also nach diese idealen Vorstellung die Normalbreite der Capillaren und die Normalcapacität der Pulmonalgefässe aus, um durch die vom rechten Ventrikel gesetzte Druckdifferenz ein Viertel, das functionelle Respirationsblut durch die Lungen zu treiben. Es reicht die Normalfläche der Alveolen aus, um dieses Viertel mit Sauerstoff zu versorgen. Der Gasaustausch findet nur durch allmälige Diffusion an der *rima glottidis* statt.

§. 9.

Das ohne Verwendung gebliebene Ernährungsmaterial für den respiratorischen Theil der Placenta verwendet der Organismus, um eine Maschine in Thätigkeit zu setzen, deren Arbeitsgrösse den grossen Fehler ausgleicht, welcher durch die Unmöglichkeit des Gaswechsels für das zweite Placentarviertel und das zweite Körperviertel entstand. Er verbrennt, um mich technischer Ausdrücke zu bedienen, das halbe Ernährungsmaterial der Placenta in den Respirationsmuskeln, setzt es also um in Spannkraft, welche einen Kolben, den Thorax, auf- und abgehen lässt. Der Kolben setzt, um den Vergleich weiter zu führen, durch seine Bewegungen ein Triebrad in Drehung, den absoluten negativen Druck des Thorax, dessen aufsteigende und absteigende Schwankungen

a) eine Saug- und Druckpumpe von der doppelten Kraft des rechten Ventrikels,

b) eine isochronisch mit der vorigen agirende Ventilation arbeiten lassen, und

c) ein isochronisch mit der Action beider vorigen Maschinen entstehendes und vergehendes Capillarnetz von der Hälfte des Querschnitts der gesammten Capillaren des Körpers

herstellen.

Der gemeinsame Regulator für alle drei Maschinen ist der Sauerstoff- und Kohlensäuregehalt des arteriellen Blutes, dessen geringste Veränderung die Maschinen stärker oder schwächer arbeiten lässt. Erleidet durch besondere Verhältnisse eine der drei Maschinen eine Störung, so dass die Arbeitsgrösse des gemeinsamen Triebrades sich steigern oder vermindern muss, um die Störung auszugleichen, so macht diese Ausgleichung auf der einen Seite eine Störung auf der anderen. Die Wirkung der neuen Saug- und Druckpumpe ist ganz dieselbe wie die der alten, der beiden Herzen. Es ist nicht direct die Arbeitskraft der beiden Ventrikel, welche die vier Viertel durch die Capillaren treibt, sondern es ist die durch die Herzkraft gesetzte Druckdifferenz zwischen Arterien und Venen. Die Druckdifferenz ist die Triebkraft. Die Respiration setzt in die Pulmonalgefässe rythmisch eine Druckdifferenz, wie sie ein am Eintritt der Pulmonalis in die Lungen eingefügtes Herz von der doppelten

Kraft des rechten Ventrikels, also dem Kraftunterschied beider Ventrikel, hervorzurufen im Stande
wäre.

Auf welche Weise die Natur diese Druckdifferenz herstellt,
ist für die Circulation ganz gleichgültig.

Wenn nun das Bedürfniss des Körpers es erfordert, dass statt
vier Viertel gleichzeitig sechs Viertel durch die Capillaren gehen,
wenn also zu den beiden Pumpen, die vier Viertel treiben, eine
neue geschaffen werden muss, die zwei Viertel treibt, so ist es,
da nicht die Pumpen, sondern die Druckdifferenz das Blut treibt,
nur nothwendig, eine Druckdifferenz zu setzen, welche denselben
Effect hat, wie eine Pumpe, die mit der halben Herzkraft arbeitet.
Der Organismus verwendet dazu ein für diese Benutzung im Voraus berechnetes vorhandenes Gefässnetz, das der Lungen.

Die Art und Weise, in der die Druckdifferenz im grossen
Kreislauf sich auszugleichen sucht, ist dieselbe, wie die im kleinen
Kreislauf. Das Blut im grossen Kreislauf findet vorgezeichnete
Bahnen in den Capillaren, die vielleicht in drei Mal so grosser Anzahl, als in den Lungen vorhanden sind. Der Blutdruck erweitern
die Körpercapillaren zu einer bestimmten Breite, ihrer Normalbreite
welche sie annähernd constant beibehalten. Der Druck von Innen
ist es, der den Capillaren zu einem Lumen verhilft, welches aus
reichend ist, um den Zuwachs an Druckdifferenz jederzeit aus
zugleichen.

Die neue grosse Saug- und Druckpumpe des kleinen Kreis
laufs verfährt in derselben Weise, nur legt sie einen Theil ihrer
Kraft nicht von Innen, sondern von Aussen an; statt des Drucke
von Innen benutzt sie (durch den negativen Druck) den Zug von
Aussen, um das Lumen der Lungencapillaren so zu erweitern, das
ihr Querschnitt sich verdreifacht. Die Vergrösserung des Durch
messers muss daher, weil sich die Inhalte zweier Kreise verhalte
wie die Quadrate der Halbmesser, zwei Drittel seiner gewöhnliche
Grösse der Normalbreite der Capillaren betragen. Die Athmung
breite beträgt also zwei Drittel der Normalbreite. Der Kraft
aufwand, den die Pumpe des grossen Kreislaufs braucht
um die Normalbreite von einer dreifachen Zahl Ca
pillaren zu erhalten, denselben Kraftaufwand müsse
die beiden Pumpen des kleinen Kreislaufs daran setzen

um den Gesammtquerschnitt der Lungencapillaren annähernd gleich zu machen dem Gesammtquerschnitt der Körpercapillaren. Der rechte Ventrikel stellt nur die Normalbreite der Lungencapillaren her und schafft dadurch Abzugskanäle für das von ihm getriebene Blut, das functionelle Respirationsblut, ein Viertel.

Die zweite Pumpe, die Hauptpumpe des kleinen Kreislaufs, die Respiration, schafft durch Erweiterung der Normalbreite, also durch Hinzufügen der Athmungsbreite erst die Abzugskanäle für das von ihr getriebene Blut, zwei Viertel, indem sie das Lumen der Lungencapillaren verdreifacht, ihren normalen Durchmesser um zwei Drittel vergrössert.

Die Arbeitsgrösse des linken Ventrikels ist also annähernd dieselbe, wie die Summe der Arbeitsgrössen des rechten Ventrikels und der Respiration; und wenn man anführen wollte, dass im grossen Kreislauf durch die Länge der Bahn und das stellenweise doppelte Capillarnetz und sonstige Widerstände die Triebkraft bedeutender sein müsse, als im kleinen, so gebe ich zu bedenken, dass, um mit Valentin zu reden, „die hydrostatische Druckhöhe in allen Arterien des Körpers, so lange als ihr nicht die Adhäsionserscheinungen an den Wandungen entgegengetreten, eine und dieselbe ist, dass wahrscheinlich erst ein solches hinderndes Moment in den kleinen Schlagadern und den Capillaren zum Vorschein kommt;" „dass die Reibung des Blutes gegen die Innenhaut der grossen Gefässe fast Null ist." Dagegen ist nicht zu leugnen, dass die Verbreiterung des Lumens der Lungencapillaren auf das Dreifache wohl einen Widerstand findet, der grösser ist, als den die dreifache Anzahl Capillaren der Herstellung der Normalbreite entgegensetzen. Denn elastische Körper, wie die Lungencapillaren, dehnen sich nicht proportional der ziehenden Kraft aus; je stärker die Erweiterung bereits gegangen ist, desto grösser ist der Widerstand, mit dem sie einer abermaligen Zunahme begegnen — eine Thatsache, die in der Erklärung der pathologischen Erscheinungen von grosser Tragweite ist. Man wird daher die Totalsumme der Widerstände im kleinen Kreislauf eben so hoch oder wenigstens annähernd eben so hoch anschlagen müssen, als die Totalsumme der Widerstände im grossen Kreislauf.

Es ist weniger die Steigerung der Druckdifferenz zwischen Arterien und Venen, welche die Athmungsbreite herstellt, als hauptsächlich die Schwankung des negativen Drucks in den Thoraxhöhlen. Der letztere vermittelt beide Momente, sowohl die Steigerung der Druckdifferenz, als die Erweiterung der Capillaren. Dadurch aber, dass die negative Schwankung des absoluten Druckes im Thorax die Capillaren auf das Dreifache erweitert, ist die Möglichkeit einer Ausgleichung der abnorm gesteigerten Druckdifferenz gegeben.

Sehen wir, in welcher Weise die Steigerung der Druckdifferenz erfolgt, in welcher Weise also die Respiration denselben Effect erzielt, wie ein am Eintritt der Pulmonalis in die Lungen eingeschaltetes Herz, das mit der doppelten Kraft des rechten und mit zwei Drittel der Kraft des linken Ventrikels arbeitet.

Einen schwachen Begriff von dieser Thätigkeit gibt uns die längst bekannte Erscheinung der sogenannten Aspiration des Thorax. Indem nämlich im *cavum thoracis* ausserhalb der Lungen, also im Bereich des Kolbens und Triebrades, um meinen obigen Vergleich zu brauchen, sich eine Anzahl der zum grossen Kreislauf gehörigen Gefässe befinden, die im unmittelbaren Zusammenhange mit den ausserhalb des Thorax liegenden Gefässen stehen, erleiden diese Gefässe des grossen Kreislaufs auch den Einfluss des Triebrades, wenn auch in geringem Grade; denn man muss sich immer vergegenwärtigen, dass die im Thorax gelegenen Gefässe des grossen Kreislaufs in Betreff ihrer Erweiterung auch einen Zuwachs an Querschnitt erhalten, wie die Lungengefässe, dass aber die Hauptursache der Volumenszunahme der Lungengefässe in ihrer Verlängerung liegt, da sie den Bewegungen der Lungen folgen müssen. Darin liegt, auch wenn man einwenden wollte, der Querschnitt der Gefässe des grossen Kreislaufs, so weit sie im Thorax liegen, sei gleich dem Querschnitt der Gefässe des kleinen Kreislaufs, der Hauptunterschied, dass die Letzteren an Länge und Weite, erstere theils nur an Weite, theils nur an Länge, wenige nur nach beiden Dimensionen hin zunehmen.

Die Aspiration des Thorax betrifft *Aorta* und *pulmonalis*, beide *cavae* und die Pulmonalvenen. Die Grösse der Strombeschleunigung, welche von dieser Seite her die beiden Hälften des Kreislaufs erleiden, kann als gleich betrachtet werden. Sie komm beiden zu Gute. Betrachten wir das übrige Gefässnetz, welches den negativen Druckschwankungen ausgesetzt ist, auf der einen Seite die *arteriae mammariae*, die *intercostales*, die *vena azygos*, *hemiazygos*, *aorta descendens thoracica*, etc., das Capillarnetz in den Wandungen des Thorax und in den ausserhalb der Lungen befindlichen Weichtheilen, auf der anderen die Lungengefässe, wer wollte bestreiten, dass sie nicht annährend ebensoviel Capacität besässen als die Lungengefässe in ihrem Normalzustande. Die Verlängerung der letzteren aber bei der Inspiration, indem dieselben gleichsam zwei sich vergrössernden und verkleinernden Kugeln folgen müssen, sich also mit den Luftbehältern in den Kugelinhalt theilen, gibt ihnen das Uebergewicht, das dem Effect einer halben Herzkraft gleich kommt.

Einen anderen Punkt will ich kurz berühren, z. B.: Eine *arteria intercostalis* steht nach Innen unter einem Druck von 714 mm., (den negativen Druck zu 6 mm. angenommen) nach Aussen unter 720 mm. Diese beiden Druckhöhen bestimmen ihr Normallumen. Erweitert sich der Thorax, steigt der negative Druck, wir wollen annehmen um 3 mm., so sucht sich die Arterie nach Innen hin auszudehnen. Nach Aussen ist aber ihr Druck gestiegen, da sie im Moment der Inspiration nicht allein 720 mm., sondern noch den Gegendruck zu überwinden hat, den der Atmosphärendruck der Erweiterung des Thorax entgegensetzt. Eingeklemmt zwischen Pleura und Muskeln gewinnt sie nach Innen so viel, als sie nach Aussen verliert.

Eine Lungenarterie von gleichem Caliber steht sich weit besser. Die inspiratorische Druckschwankung der Lungenluft ist natürlich negativ. Der Druck der Atmosphäre fällt vorübergehend um 1 — 2 mm. Sie kann sich daher nach Innen zu erweitern. Nach Aussen zu muss sie sich ebenfalls erweitern, da die Steigerung des negativen Drucks im Thorax auch den Druck ihrer Aussenseite vermindert. So sehen wir also nach beiden Seiten hin die Lungengefässe im Vortheil gegen die zum grossen Kreislauf gehörigen *extra pulmones* befindlichen Strombahnen. Man kann diese Unterschiede durch den mathematischen Satz ausdrücken, dass die Kugelinhalte sich verhalten wie die Kuben, die Kugeloberflächen wie die Quadrate der Radien. Am Kugelinhalte nehmen mit dem Luftröhrensystem die Gefässe *intra pulmones*, an der Kugeloberfläche die

Gefässe *extra pulmones* Theil. Verhält sich der Lungenradius in der Exspiration zum Lungenradius auf der Höhe der Inspiration wie 5:6, eine wohl zu niedrig gegriffene Differenz, so verhalten sich die Zahlen in der Exspiration wie 5:25:125, auf der Höhe der Inspiration wie 6:36:216. Die Differenz beträgt in der Exspiration 100, auf der Höhe der Inspiration 180, also ein ungleich günstigeres Verhältniss für die Gefässe *intra pulmones* zu denen *extra*, da sich der Zuwachs desselben wie 91:9 stellt.

Man sicht aus dem Ganzen, dass ein principieller Gegensatz zwischen der Aspiration des Thorax und der Druckpumpe der Lungen nicht stattfindet. Man beachtete aber nicht den Unterschied, der zwischen den Bahnen des kleinen Kreislaufs und de grossen Statt hatte. Der herkömmlichen Sitte gemäss behalte ich daher den Namen Aspiration des Thorax als Ausdruck für der Zuwachs an Stromgeschwindigkeit bei, den die Schwankungen de negativen Drucks mittelst der grossen Gefässstämme, der *aorte ascendens*, *pulmonalis*, Hohlvenen und Pulmonalvenen beide Hälften des Kreislaufs zuführen.

Der grosse Kreislauf selbst bietet uns das beste Mittel, da di Lungen unzugänglich sind, weil die Eröffnung des Thorax de negativen Druck, das Triebrad vernichtet, die Wirkungen der Saug. pumpe *intra pulmones* kennen zu lernen. Die z. B. an der *caroti* am *Kymographion* beobachteten Erscheinungen hat man sich nu enorm gesteigert zu denken, um das Bild der Lungencirculatio vor sich zu haben.

§. 10.

Man vergegenwärtige sich einen Augenblick die foetale Circulation, man denke sich die Placenta abgelöst. Sofort häufen sich im Blut Kohlensäure und die verbrauchten Producte der regressiven Metamorphose an. Der Sauerstoffmangel und die Kohlensäure vergiftung reizen das Athmungscentrum an dem Boden der vierten Hirnhöhle. Die regressiven Producte reizen die Nieren.

Die schlaffen Inspirationsmuskeln ziehen sich zusammen und erweitern den Thorax. Hat die Contraction einen bestimmten Grad erreicht, der Thorax eine bestimmte Weite, wie sie später in de Exspiration statt hat, so denke man sich einen Augenblick die erst

Inspiration sistirt. Wir haben den Contractionszustand der Inspirationsmuskeln, den sie niemals mehr verlassen, unter den sie bei der Exspiration nicht hinabsinken. Dieser bleibende Tonus der Respirationsmuskeln hat den Thorax erweitert. Auf dem Thorax lasten 720 mm. Druck, ebensoviel in der Luftröhre. Da die Lungen allseitig abgesperrt sind, so müsste diese einmalige permanente Erweiterung des Thorax einen luftleeren Raum zwischen der Lungenpleura und der Rippenpleura herstellen. Da aber nachgiebige Weichtheile vorhanden sind, so strebt der Atmosphärendruck den luftleeren Raum zu vernichten, oder vielmehr ihn nicht zu Stande kommen zu lassen. Die 720 mm. auf dem Thorax drängen die Intercostalräume nach Innen, die 720 mm. in der *trachea* drängen gegen die zusammenliegenden Bronchien und Alveolen, enfalten auf diese Weise die Lungen, und der Zwischenraum, der zwischen Lungen und Thorax zu entstehen drohte, wird von beiden Seiten her ausgefüllt. Die Lungen sind elastisch. Wenn auch die 720 mm. in der *trachea* sie entfalten und fest an den Thorax anlegen, so leisten sie doch einen bestimmten Widerstand, der 6 mm. Quecksilber beträgt. Wenn in einer Alveole der Lungen, die den Rippen dicht anliegt, nun auch 720 mm. Druck sich befinden, so sind zwischen dem Pleuraüberzug der Alveolenwand und der Thoraxwand doch nur 720 — 6 mm., also 714 mm. Druck. Alle ausserhalb der inneren Wand der Bronchien und Alveolen befindlichen Weichtheile der Lungen und des Thorax stehen daher unter 714 mm. Druck, müssen daher, weil sie im Foetus von 720 mm. gedrückt werden, jetzt, wo nur 714 mm. auf ihnen lasten, weiter sein oder werden. Die Gefässe müssen daher ihren Blutgehalt vermehren. Könnte man nach Herstellung des negativen Druckes durch den genannten Muskeltonus die weitere Contraction einen Augenblick sistiren, so würden wir also das Bild der vorhin geschilderten idealen Circulation entwerfen. Der permanente Tonus der Muskeln, die permanente Erweiterung des Thorax, wie sie später nach jeder Exspiration zu beobachten ist, hat die Atelectase der Lungen vernichtet und eine Quantität Luft, die rückständige Luft, eingeführt, die auch nach der heftigsten Exspiration und *post mortem* darin bleibt. Wenn *post mortem* der Thorax nicht wieder einsinkt, so hat dies darin seinen Grund, dass die permanente Erweiterung des Thorax die Configuration desselben verändert hat. Ein Theil der Lungenelasticität wird durch einen Theil des Atmosphärendruckes in der *trachea* paralysirt, die Conpression der Pulmonalgefässe aufgehoben, das Gefässsystem der Lunge durchgängig gemacht. Der rechte Ventrikel kann also das erste Placentarviertel eintreiben und in die Pulmonaläste einen Druck setzen, der im Stande ist, für jedes bei der Contraction des rechten Herzens neu eingetriebene Viertel ein früher eingetriebenes Viertel durch die Normalbreite der Lungencapillaren, den Pulmonalvenen und damit dem linken Ventrikel zuzuführen.

Bei jeder Diastole stehen zur Aufnahme bereit drei Viertel in den Enden beider *cavae* und gehen in den rechten Vorhof, ein Viertel steht am Ende der Pulmonalvenen. Das eine der drei Viertel, die durch die *cavae* kommen, geht in den rechten Ventrikel als neues erstes Placentarviertel, nur geht es in die Lungen, statt in die Placenta. Das zweite und dritte gehen durch das *foramen ovale* in den linken Vorhof, von wo sie mit dem in den Pulmonalvenenendigungen stehenden Viertel in den linken Ventrikel gelangen etc. Der erste Theil der ersten Inspiration stellt also durch permanenten Muskeltonus den absoluten negativen Druck im Thorax her. Er führt dadurch a) den *ductus arteriosus Botalli* zur Trombose. b) Er gibt dem rechten Ventrikel die Möglichkeit, sein functionelles Respirationsblut (ein Viertel) ein Drittel des Lungenbluts, durch die Lungen zu treiben. c) Er erweitert die Gebilde im Thorax und führt Blut und Luft (rückständige Luft) ein (einmaliger Vorgang).

§. 11.

Ich übersehe das Ganze.

Zur Disposition stehen dem Organismus

a) der Theil der Kraft des linken Ventrikels, welcher die Hälfte des Ernährungsblutes der Placenta trieb;

b) das Ernährungsblut der halben Placenta selbst;

c) die in demselben befindlichen Kräfte, deren Verbrennung die halbe Placenta ernährte;

d) ein verhältnissmässig starrer aber erweiterungsfähiger Behälter des Thorax;

e) ein negativer Druck im *cavum thoracis*, der proportional
der Erweiterung und Verengerung des Thorax eine negative Steigerung und Abnahme erfährt;

f) ein vollkommen elastischer Behälter, bestehend aus einem
verzweigten Röhrensystem mit endständigen Bläschen. Die
Röhren haben einen gemeinsamen Ausführungsgang, dessen
Oeffnung mit der Atmosphäre communicirt. Die Oeffnung
bietet eine hinreichende Diffussionsfläche, um den von dem
ersten die Lungen passirenden Placentarviertel mit der rückständigen Luft unterhaltenen Gasaustausch so zu reguliren,
dass jedes vor den Capillaren ankommende erste Placentarviertel seinen Bedarf an Sauerstoff' beziehen und seine Abfuhr von Kohlensäure und Wasser bewerkstelligen kann,
auf einer alveolaren Diffussionsfläche, die als Normalfläche
bezeichnet wurde. Die elastischen Behälter sind luftdicht
in den starren Behälter eingefügt;

g) ein in den Wandungen des elastischen Behälters befindliches
ebenfalls elastisches Röhrensystem, mit vollkommen elastischem, aber widerstandsfähigem Anfang, mit unvollkommen
elastischem aber fast widerstandslosen Ende. Anfang und
Ende sind so mit Blut gefüllt, dass eine Druckdifferenz,
die vom rechten Ventrikel durch fortwährendes Einpumpen
in den Anfangstheil gesetzt wird, im Stande ist, durch ein
beide Enden verbindendes Capillarnetz von dem Querschnitt
eines Drittels der Körpercapillaren, also eines Viertels der
Gesammtcapillaren, eine Blutmenge zu pumpen, welche einem
Viertel des Gesammtcapillarbluts entspricht.

§. 12.

Das sind die Kräfte und die Maschine, über welche der Organismus zu verfügen hat, um den Fehler, dass zwei Viertel, das
zweite Placentarviertel und das zweite Körperviertel, ohne Gaswechsel sind, auszugleichen. Er löst diese Aufgabe dadurch, dass
er zwei neue Viertel zugleich mit dem ersten Placentarviertel
respiratorische Capillaren passiren lässt. Aber um die durchschnittliche Stromgeschwindigkeit des Blutes intact
zu erhalten, lässt er diese zwei neuen Viertel, die nach

der idealen Circulation sofort durch das *foramer* *ovale* in den linken Vorhof einzutreten haben, einer Umweg durch ein Capillarnetz, also den Umweg eines halben Kreislaufs machen.

Man kann sich auch vorstellen, dass jene beiden alternirenden Viertel, das zweite Placentar- und das zweite Körpercapillarviertel um ihren versäumten Gaswechsel nachzuholen, diesen Umweg machen, dass z. B. das functionelle Nierenblut etc. (die anderen Massen des zweiten Placentarviertels natürlich in ihre zugehörigen Capillaren) zuerst die Nierencapillaren, dann, anstatt gleich darau, im Wechsel mit Körperblut die Körpercapillaren zu passiren, ers den Umweg durch die Lungencapillaren machen.

Wir hatten oben die gesammte Blutmasse in 50 Theile, j dem Inhalt beider Ventrikel entsprechend, getheilt. Jeder Thei zerfiel in vier Viertel. Wir hatten 200 Viertel, von denen imme vier zugleich die Capillaren passirten. Von den 200 Viertel werden den vier bisherigen zwei weitere hinzugefügt. Der link Ventrikel treibt mit dem Theil seiner Kraft, welcher die Hälft des Ernährungsbluts der Placenta trieb, dieses Blut in die Resp. rationsmuskeln. Die diesem Blut anhaftenden Stoffe, welche voi her die halbe Placenta durch ihre Verbrennung ernährten, werde in den Respirationsmuskeln verbrannt und in Muskelkraft umgesetz. Die Muskelkraft erweitert und verengert rythmisch der Thora steigert den absoluten negativen Druck im Thorax und lässt ih zu seiner praeinspiratorischen Höhe zurücksinken. Diese, während einer Inspiration erfolgende Drehung kann man mit einer Rotatio eines Triebrades vergleichen.

Die Rotation des Triebrades hat folgende Aufgabe:

Um zwei neue Viertel durch ein Capillarnetz zu treiben nnr dem Gaswechsel zuzuführen, hat sie

1) Die Normalfläche der Alveolen zu vergrössern und di Diffusionsfläche an den *ostium* der *trachea* zu verdreifachen. Ei dreifaches Volumen der Lungen ist trotz des verdreifachten Ga wechsels nicht nöthig. Denn da dieselben Capillaren zum Trans port der neuen zwei Viertel verwandt werden, so kommt es we niger auf die Vergrösserung der Normalfläche, als auf die Ver grösserung der Diffusionsfläche an, welche bis dahin an dem *ostiu* der Luftröhre lag. Um letztere breiter zu machen, muss sie i

die Lungen verlegt werden. Jede Inspiration zieht ungefähr 33 Kubikzoll atmosphärische Luft ein. Die rückständige Luft, welche den unmittelbaren Gaswechsel vermittelt, zieht sich mehr nach den Endigungen des Röhrensystems, in die Bronchien zweiter Ordnung und die Alveolen zurück; die 33 frischen Kubikzoll füllen die *trachea* und die Bronchien erster Ordnung, deren Gesammtquerschnitt jetzt eine hinlänglich grosse Fläche darstellt, um von der rückständigen Luft, der eigentlichen Respirationsluft, Kohlensäure und Wasser aufzunehmen und Sauerstoff an sie abzugeben. Die Vergrösserung der Normalfläche wäre vielleicht an und für sich überflüssig, wie man sich leicht überzeugen kann, wenn man man ein Thier reines Sauerstoffgas athmen lässt. Die Vergrösserung des Querschnitts, an dem die rückständige Luft mit der Atmosphäre communicirt, das ist der Zweck der Ventilation; die Vergrösserung der Normalfläche ist das Mittel, wodurch sie diesen Zweck erreicht.

2) Die zweite Aufgabe ist, das Capillarnetz für zwei Viertel zu schaffen. Der Mechanismus und die Grössenverhältnisse sind bereits angegeben.

Das Fallen des Atmosphärendrucks der Lungenluft in der Inspiration einerseits, und die Steigerung des negativen Druckes im Thorax andererseits erweitern das Lumen der Lungencapillaren auf das Dreifache, verlängern ihren Durchmesser um zwei Drittel, fügen der Normalbreite die Athmungsbreite hinzu.

Die Lungencapillaren verhalten sich also wie kleine Arterien, die isochronisch mit der Respiration von einer Pulswelle durchlaufen werden, und deren inspiratorisches Lumen im Stande ist, dreimal grössere Emboli passiren zu lassen als die Körpercapillaren, eine Eigenschaft, welche ausreicht, embolische Erscheinungen, sogenannte Metastasen zu erklären, die bis jetzt in das Gebiet der dunkeln Thatsachen gehörten.

3) Die dritte Aufgabe ist, die eigentliche Pumpe anzulegen, d. h. eine Druckdifferenz in die Pulmonalarterien und Pulmonalvenen zu setzen, doppelt so gross, als der rechte, und zwei Drittel so gross, als der linke Ventrikel sie herstellen könnte.

Die Druckdifferenz, welche der rechte Ventrikel hervorbringt, treibt nur ein Viertel. Die Inspiration muss also die Druckdifferenz auf das Dreifache steigern. Da nur der Unterschied in den

Druckhöhen den Capillartransport vermittelt, so kommt es auf die absolute Höhe des Seitendrucks nicht an. Ob der absolute Druck in Arterien und Venen um das Zehnfache sich steigert oder vermindert, ist für die Circulation ganz gleichgültig, sobald nur die Bedingung erfüllt wird, dass die Differenz der Druckhöhen dieselbe bleibt. Vermindere ich die Druckdifferenz, so vermindere ich die Circulation, vermehre ich jene, so steigere ich diese. Steigere ich aber z. B. den absoluten Druck in der Pulmonalis und in den Pulmonalvenen, jedoch so ungleichmässig, dass die Druckdifferenz geringer wird, so wird die Circulation trotz der Steigerung des Pulmonaldrucks verlangsamt. Die entgegengesetzten Bedingungen haben den entgegengesetzten Erfolg. Letztern Weg schlägt die Respiration ein.

An der rechten *jugularis externa* und *carotis* hat Valentin Messungen angestellt, welche eine wesentliche Differenz ergeben. Die Venen setzen der Verlängerung und Erweiterung als wenig elastische Gebilde einen geringen Widerstand entgegen, die Arterien als sehr elastische Gebilde einen starken Widerstand. Man vergegenwärtige sich einen Augenblick den Moment, wo die Inspirationsmuskeln auf der Höhe ihres permanenten Tonus angekommen sind. Von dem Zeitpunkt an beginnt die eigentliche rythmische Action, obschon dieses pracinspiratorische Eintreten des permanenten Tonus und die erste wirkliche Inspiration sich unmittelbar aneinander anschliessen. Der schon erweiterte Thorax dehnt sich noch weiter aus.

Die dem sich ausdehnenden Thorax durch die Steigerung des absoluten negativen Druckes folgende elastische Lunge mit ihren Gefässen und Luftröhren nimmt an Capacität zu.

Die elastischen Arterien setzen, und zwar vom Lungenhylus nach den Capillaren abnehmend, der Verlängerung und Erweiterung den grössten Widerstand entgegen, während die kleineren Arterien, die Capillaren und die Venen, da sie nur unbedeutenden Widerstand leisten können, am meisten erweitert und verlängert werden. Die Capacität des Strombetts wird also, und zwar am meisten in der Mitte, weniger weit nach den Lungenvenen, am geringsten nach der Pulmonalarterie hin erweitert. Obschon dadurch der Seitendruck in der Pulmonalis um zwei Drittel seiner Quecksilberhöhe sinkt, so ist dennoch der

Abfluss durch die Capillaren beschleunigt, weil der Seitendruck in den Venen noch um mehr als zwei Drittel gesunken ist. Enthält die Pulmonalis a Einheiten, die Venen b, so gehen durch die Druckdifferenz, so weit sie vom rechten Ventrikel allein abhängt, während vier Contractionen (so lange wie eine Inspiration dauert) vier Viertel aus dem rechten Ventrikel durch die Lungen (12 Viertel aus dem linken in die Aorta), und zwar zwei während der Inspiration, zwei während der Exspiration. Da die Inspiration die ·Venen der Lungen weit mehr verlängert und erweitert hat, als die Arterien, ihre Athmungscapacität also unverhältniss-mässig bedeutender ist, als die der sich wenig erwei-ternden und schwer verlängernden Arterien, so gehen durch die trotz der Abnahme des Seitendruck∢ ge-steigerte Druckdifferenz ausser den zwei ersten Pla-centarvierteln, die der rechte Ventrikel während der Inspiration treibt, noch vier neue Viertel durch das zu gleicher Zeit geschaffene Capillarnetz, die drei-fache Erweiterung der Lungencapillaren, die Athmungs-breite, in die Lungenvenen über. Auf der Höhe der In-spiration, nach einer halben Drehung des Triebrades bei Erreichung des todten Punktes, ist, obschon der absolute Druck noch in beiden, Arterien wie Venen stark gesunken ist, die Druckdifferenz an-nähernd wieder so gross, wie sie vor der Inspiration war. Eine Sistirung der Exspiration würde uns folgende Verhältnisse zeigen.

Die Lungenarterien haben ihre Abgabe von sechs Vierteln aus dem Anfangstheil der Pulmonalis neu bezogen in demselben Maasse, als sie dieselben abgaben. Sie haben ausserdem durch ihre Capa-citätszunahme vier neue Viertel aufgenommen, zu denen sich bei der folgenden Exspiration zwei erste Placentarviertel durch die Kraft des rechten Ventrikels gesellen. Da die vier neuen Viertel aus demselben Leitungsrohr bezogen werden, an dem der rechte Ventrikel arbeitet, so hat es den Anschein, als ob der rechte Ven-trikel selbst sie liefere, während er in Wirklichkeit nur das *ostium* vorstellt, aus dem die Lungen sie aufziehen.

Der inspiratorische Verlust der Pulmonalis ist nicht allein er-setzt, sondern auch der gleich folgende exspiratorische Verlust bereits mit vier Vierteln Ueberschuss gedeckt. Der Rest des exspiratorischen Verlustes von zwei ersten Placentarvierteln wird während der Exspiration selbst gedeckt.

Der exspiratorische Uebergang von sechs Vierteln findet durch eine abermalige Steigerung der auf der Höhe der Inspiration fast normal gewordenen Druckdifferenz statt. Die Steigerung des negativen Drucks im Thorax hatte zwei Kräfte gebunden, die bei dem Sinken desselben bis zur Norm wieder frei werden, nämlich die Lungenelasticität und die Elasticität der Gefässwandungen.

Da die Arterien den stärksten Widerstand bieten und vollkommen elastische Körper sind, die sich auf ihre normale Länge und Weite zurückzuziehen streben, die Venen wenig oder garr nicht so federn die Arterien mit grosser Kraft auf ihren Inhalt und nach ihrem Fixationspunkt dem Pulmonalstamm zurück; die. Venen mit gar keiner oder geringer.

Die zweite Kraft, welche ausgelöst wird, ist die Elasticität der Lungen. So drücken also auf das Blut der Pulmonalarterien zwei Kräfte, auf die Venen nur eine, indem der Antheil der zweiten gleich Null zu achten ist. Es ziehen sich die Arterien mit grosser Kraft nach ihrem Fixationspunkt, dem Eintritt der Pulmonalis in die Lungen, gleichsam über die Blutsäule zurück, die dadurch gezwungen ist, nach der andern Seite zu entweichen.

Durch diese zum zweiten Male gesteigerte Druckdifferenz, die durch das Ueberwiegen der Federkraft der Arterien entsteht, gehen während der Exspiration abermals sechs Einheiten über, zwei erste Placentarviertel durch die vom rechten Ventrikel gesetzte Druckdifferenz, vier neue Viertel durch die exspiratorische Steigerung des Seitendrucks in den Lungenarterien. Wenn die Herzpumpen durch Druck von Innen das Blut in die Gefässe treiben, also Druck die erste, Erweiterung und Verlängerung die zweite, Blutaufnahme die dritte und das Ablaufen der Welle die vierte Erscheinung ist, so ist es bei der Saug- und Druckpumpe der Lungen ebenso. Statt des Druckes von Innen tritt der Zug von Aussen ein, Erweiterung und Verlängerung ist die zweite Erscheinung, Blutaufnahme die dritte und die Welle. —

§. 13.

Die Welle läuft nicht peripherisch eben so ab, wie der Puls in der Aorta, sondern etwas anders. Das *Kymographion* muss für die Lungenarterie, da beide Gefässe, die Aorta wie Pulmonalis den Schwankungen des negativen Druckes gleich unterliegen, ein Einfluss, den man als Aspiration des Thorax bezeichnet hat, zunächst eine Respirationswelle von derselben Höhe zeigen, wie die Aeste der Aorta. Die Athmungscapacität, d. h. die inspiratorische Capacitätszunahme der Lungenarterien muss aber das Wellenthal der Aspirationswelle bedeutend tiefer, die exspiratorische Drucksteigerung den Wellenberg bedeutend höher erscheinen lassen. Die absolute Druckhöhe muss ein Drittel von der Druckhöhe der Aorta betragen. Die durch den rechten Ventrikel hervorgebrachten Pulswellen müssen genau so lang sein wie die des linken. Denn die Aspiration der Pulmonaläste entnimmt das Blut aus dem Pulmonalstamm, setzt dessen Aortendruck, den er im Foetus besitzt (ein Umstand, der vielleicht erklärt, warum man die foetalen Herztöne im Mutterleibe so deutlich hört, indem der zweite Pulmonalton dreimal so laut klappt, wie später) um zwei Drittel herab und macht es dadurch dem rechten Ventrikel möglich, bei ohngefähr 50 mm. Quecksilber dieselbe Blutmenge zu liefern, wie der linke bei cc. 150 mm. Druckhöhe, so dass es den Anschein hat, als sei der rechte Ventrikel, obschon er nur den geringsten Antheil am kleinen Kreislauf hat, die einzige Pumpe desselben.

§. 14.

Ich habe den Erfolg der ersten Action der Inspirationsmuskeln geschildert nach beiden Richtungen, einmal in Betreff der Herstellung der Maschine, an der gearbeitet werden soll, zweitens in Betreff der Art der Arbeit. Die erste Inspiration braucht aber die Zeit von wenigstens vier Herzcontractionen. Erst im Beginn der fünften steht ausser dem Transport des rechten Ventrikels auch der Transport der Saug- und Druckpumpe der Lungen in den Herzenden der Pulmonalvenen.

Die Uebergangscirculation macht während der ersten vier Contractionen der Ventrikel stärkere Anforderungen an die Venen, indem nicht allein beide Saug- und Druckpumpen des kleinen Kreislaufs, wie später, mit drei Vierteln versorgt werden, sondern auch noch drei Viertel für den linken Ventrikel (also für die vier Contractionen beider Herzen je zwölf Viertel) durch das *foramen ovale* geliefert werden müssen. Die Uebergangscirculation kostet also den Venen vier Mal sechs Viertel. Demungeachtet macht sich diese einmalige Entnahme nicht bemerklich, weil die Sistirung der Placentarcirculation, wie jeder Tod, eine Entleerung der Umbilicalarterien und eine starke Blutfülle der Umbilicalvenen im Gefolge hat. Die Füllung der Pulmonalgefässe durch viermal zwei Viertel, welche einen Defect in den Körpervenen im Gefolge hätte, wird hergestellt durch die Entnahme der überzähligen noch in den Umbilicalgefässen befindlichen Blutmengen. Jede vor Sistirung des Nabelarterienpulses vorgenommene · Unterbindung des Nabelstranges ist daher ein schwächender Aderlass für die Neugeborenen; denn die neue Maschine ist in Stoffwechsel und Kraft so angelegt, dass alle Ausgaben dieselben sind, dass also auch kein Blutkörperchen zu viel oder zu wenig ist.

Unterbinde ich von den 200 Vierteln vier Mal zwei, welche die Uebergangscirculation für beide Vorhöfe mehr fordert, so erschwere ich das Zustandekommen der Uebergangscirculation, entferne den 25sten Theil der Blutmenge. Die Uebergangscirculation speist, wie im Foetus, den grossen Kreislauf durch das *foramen ovale*, den kleinen ebenso, wie später; es ist ein nur während der ersten Respiration, also vier Contractionen dauernder transitorischer Zustand, ein Gemisch von *intrauteriner* und *extra-uteriner* Circulation.

Beim Eintritt der zweiten Inspiration wird also das *foramen ovale* überflüssig, indem die Lungenvenen drei Viertel für den linken Ventrikel, und die Hohlvenen drei Viertel für den rechten Ventrikel liefern, von denen der dritte Theil, also ein Viertel vom rechten Ventrikel selbst, die übrigen zwei Viertel von der Saug- und Druckpumpe der Lungen aspirirt und durch die Lungencapillaren getrieben werden.

Beide Blutmengen werden um ein Geringes verstärkt durch die sogenannte Aspiration des Thorax, der den rechtsseitigen drei Vierteln und linksseitigen drei Vierteln gleichmässig eine grössere

Stromgeschwindigkeit verleiht, oder, was dasselbe bedeutet, der Pumpe des grossen Kreislaufes in der Zeiteinheit eben so viel Blut mehr zuführt, als den beiden Pumpen des kleinen Kreislaufs.

§. 15.

Mein erstes Gesetz, wie das zweite, glaube ich bewiesen zu haben. Vom dritten habe ich noch einen Theil zu erörtern, die secretorische und resorbirende Thätigkeit. Ich könnte dieses eigentlich unterlassen, da es zu meinem Vorsatz, eine im Gegensatz zu der Niemeyer'schen Erklärung stehende Auffassung des Lungenödems zu geben, nichts beiträgt. Da die Acten über die Resorption und Secretion aber noch nicht geschlossen sind, und ich eine Parallele wie die gleich folgende nirgends gefunden habe, so erlaube ich mir die Fortsetzung meiner Betrachtung.

Betrachten wir zunächst die Secretion, die Nierenthätigkeit. Ich kann in der That nicht einsehen, wie das Blut, welches unter der Bezeichnung „functionelles Nierenblut" einen Theil des Placentarbluts ausmachte, später in den Nieren eine andere Thätigkeit entwickeln sollte, als im Foetus, d. h. in Diffusion mit irgend einer Flüssigkeit von anderer Beschaffenheit zu treten, an die es die Stoffe der regressiven Metamorphose bis zur Harnsäure, aber fast gar keinen Harnstoff abgiebt, um dafür ein Diffusionsaequivalent einzunehmen. Ich kann nicht einsehen, wie der zum gedachten secretorischen Theil der Placenta verwandte Stoffwechsel eine andere Function haben sollte, als die gesammte Blutmasse in die Möglichkeit zu versetzen, sich der verbrauchten Stoffe zu entledigen. Das Diffusionsaequivalent, welches in der Placenta aufgenommen wird, wird durch einen Akt der Resorption eingenommen. Es wird mitgeschleppt, um weiterhin als Lösungsmittel für neue Produkte der regressiven Metamorphose zu dienen. Die Resorptionskraft der Placenta liefert also das Lösungsmittel. Das spätere Resorptionsorgan, der Darm, muss also dasselbe thun. Die in Rede stehende Flüssigkeitsmenge macht ihren doppelten Kreislauf. Unter dem Namen Diffusionsaequivalent wird sie durch die Herzkraft vom Resorptionsorgan fort in die Körpercapillaren getrieben, um als Lösungsmittel für neue verbrauchte Stoffe zu dienen; zurückgekehrt treibt sie die Herzkraft in das Secretionsorgan, um dort mit den gelösten Stoffen zu verschwinden.

3

§. 16.

Zur Disposition stehen dem Organismus:

a) der Theil der Kraft des linken Ventrikels, welcher den zur Unterhaltung des gedachten secretorischen Placentartheils nothwendigen Antheil vom Ernährungsblut der Placenta trieb;

b) dieses Blut mit den in ihm befindlichen Kräften, deren Verbrennung den gedachten secretorischen Theil der Placenta ernährte;

c) das functionelle Nierenblut mit seinem Antheil an der Triebkraft des linken Ventrikels.

Es besteht:

1) aus dem in die *vena umbilicalis* eintretenden gereinigten Blut,

2) dem abzugebenden Lösungsmittel mit den Producten der regressiven Metamorphose.

d) Das Lösungsmittel mit den Producten der regressiven Metamorphose des ganzen Placentarbluts mit Ausnahme des schon angeführten im functionellen Nierenblut enthaltenen Antheils vom Lösungsmittel;

e) der Kraftantheil des Herzens, welcher das Lösungsmittel mit den verbrauchten Stoffen nur bis in die Placenta zu führen hat;

f) eine Maschine, welche aus drei Theilen besteht: a) einem Filtrirapparat, den Glomeruli, in denen durch das Wundernetz, das enge *Vas efferens* und das darauf folgende Capillarnetz eine solche Anzahl Widerstände entstehen, dass das in der Zeiteinheit durchströmende Blut ausser Stande ist, in seiner Totalität die Bahnen zu passiren, so dass es eine Anzahl Flüssigkeit abzugeben gezwungen ist; b) einem gewundenen Röhrensystem, in das filtrirt werden kann; c) einer grossen Zahl zelliger Gebilde mit der Neigung, alle stickstoffhaltigen Substanzen zu Harnstoff zu verbrennen, die in ihren Bereich kommen, natürlich unter der Bedingung, dass ihnen für diese Leistung eine entsprechende Menge Ernährungsmaterial geliefert wird. Diese Fähigkeit besitzen sie natürlich schon im Foetus, sie können dieselbe aber nicht verwerthen, denn

1) hat der Abfluss des functionellen Nierenbluts und des gesammten Lösungsmittels in die Placenta den Druckantheil des linken Ventrikels, welcher der Nierenarterie später zu Gute kommt, weggenommen;

2) die Epithelien erhalten nur das zu ihrer Existenz nothwendige Ernährungsmaterial ohne ihren späteren Ernährungszuschuss, den sie zu einer functionellen, also für ihre Existenz überflüssigen Thätigkeit verwenden könnten. Denn dieser functionelle Ernährungszuschuss ist zur Unterhaltung des gedachten secretorischen Theils der Placenta erforderlich. Diese functionelle Thätigkeit der Nierenepithelien regulirt reflectorisch auch nicht, wie später, den Tonus der Nierengefässe und die davon abhängige Breite des Strombettes.

Auch ist die spärliche Anhäufung der Stoffe der regressiven Metamorphose im Blut durch die fortwährende Entfernung von Seiten der Placenta kein hinlänglich starker Reiz für die Epithelien, um sie zur Arbeit aufzufordern.

§. 17.

Das Blut der Nierenarterien besteht:

a) aus dem foetalen Ernährungsblut, das zur Existenz der Nieren nothwendig ist;

b) dem functionellen Ernährungszuschuss, welcher aequivalent ist dem Antheil vom Ernährungsblut der Placenta, welcher den gedachten secretorischen Theil ernährte;

c) dem functionellen Nierenblut;

d) einer Blutmenge gleich dem secretorischen Lösungsmittel aus dem ganzen Placentarblut.

Die Functionen der Blutmassen mit einer Ausnahme bleiben dieselben. Der Druckantheil des linken Ventrikels, welcher das Lösungswasser in die Placentarcapillaren beförderte, geht in den Glomerulis verloren. So wenig wie er jenseits der Placentarcapillaren noch etwas zu thun hatte, so wenig hat er jenseits der Nieren noch etwas zu thun. So schafft der linke Ventrikel mit der Kraft, welche das ganze Lösungsmittel bis in die Placenta trieb, eine diffussionsfähige Flüssigkeit für das functionelle Nierenblut, stellt also den foetalen Zustand wieder her. Sein Effect, das Nieren-ödem, besteht aus Wasser und einigen lösbaren Substanzen. Das concentrirte Blut des *Vas efferens* besteht aus den Blutmassen der Nierenarterie, vermindert um das Lösungsmittel. Das Blut kommt in die Capillaren; der linke Ventrikel hat seine Aufgabe erfüllt; die Fortschaffung der Stoffe muss die Placenta oder vielmehr ihre Vertretung, das zur Ernährung des secretorischen Theils verwandte Ernährungsblut der Placenta besorgen.

§. 18.

Betrachten wir das Verhalten des concentrirten Nierencapillar-bluts zum Nierenödem. Beide Flüssigkeiten werden durch die Wandungen der *tubuli contorti* diffundiren, und wir haben keinen Grund, nicht anzunehmen, dass das Capillarblut der Nieren ebenso viel von Producten der regressiven Metamorphose abgebe, wie das functionelle Nierenblut in der Placenta.

Wir haben oben der Uebersicht wegen das functionelle Nieren-blut als ein Drittel des zweiten Placentarviertels, also als ein Sechstel des gesammten Placentarbluts betrachtet. Es kann also nur ein Sechstel, oder wenn man die Blutmassen a und b des vorigen Paragraphen mitrechnet, höchstens ein Viertel der gesammten Stoffe der regressiven Metamorphose entfernt werden.

So sehen wir, wie bei der Respiration, auch hier zwei Fehler, indem einerseits das Ernährungsblut des secretorischen Theils der Placenta ohne Verwendung bleibt, und andererseits drei Viertel des Gesammtbluts ihre verbrannten Stoffe behalten.

Das Nierenödem besteht aus Blutserum, das Nierencapillarblut kann auch nur durch sein Serum diffundiren. Ist die Concentration auch verschieden, so sind es doch immer mehr oder weniger Flüssigkeiten von geringer Differenz. Sollen mehr Stoffe aus dem Blut entweichen, so kann das nur durch eine Steigerung ihrer Differenz entstehen. Wie bei der Respiration der Organismus mit dem überflüssigen Ernährungsmaterial eine Druckdifferenz herstellt, so stellt er in den Nieren

durch das Ernährungsblut des secretorischen Placentartheils eine Diffusionsdifferenz her. Dort verbrannte
er den Ueberschuss, um eine Saug- und Druckpumpe anzulegen,
welche den auf ein Drittel gesunkenen Gaswechsel zur Norm
zurückführte; hier heizt er mit dem Ueberschuss eine Reihe palli-
sadenförmig aufgestellter Hochöfen, die Nierenepithelien, um die
auf ein Viertel gesunkene Secretion normal zu machen. Wir sahen
das Serum des Capillarbluts in Diffusion mit dem Nierenödem;
während dieser Diffusion greift das Ernährungsblut des secretorischen
Theils der Placenta ein durch Vermittelung der Epithelien, denen
es zur Ausübung einer Leistung das disponibele Ernährungsmaterial
des secretorischen Placentarantheils überweiset. Die passirenden
Massen, *Leucin*, *Tyrosin*, *Kreatin*, *Kreatinin*, *Harnsäure* werden
verbrannt zu Harnstoff. Dadurch werden die diffundirenden
Flüssigkeiten so verschieden gemacht, dass die Aus-
fuhr von Producten der regressiven Metamorphose
aus dem Nierenblut allein, wenn auch in anderer Form,
so bedeutend ist, als aus dem gesammten Placentarblut.
So neutralisiren sich auch bei der Secretion die beiden Fehler,
welche der Organismus nach Aufhören der Placentarcirculation zu
begehen schien. Man wird vielleicht einwenden können: Einen
Fehler kann man doch noch entdecken. Im Placentarblut verliert
eine grosse Blutmasse ein wenig, im Nierenblut eine kleine Blutmasse viel Stoffe. Die Blutmischung ist also doch alterirt. Keines-
wegs; denn da das Nierencapillarblut, ehe es zur Verwendung
kommt, durch die Lungen muss, so hat es hinlänglich Zeit bis
zur Ankunft vor den Körpercapillaren durch Diffusion und Ver-
mischung den noch nicht ihrer regressiven Metamorphose beraubten
Massen so viel Stoffe zu entziehen, dass alle drei Lungenviertel
von gleicher Beschaffenheit sind. So greift alles im Organismus
ineinander. Die Nierenthätigkeit ist also im Transudations-, Diffu-
sions- und Oxydationsprocess zugleich.

Die Frage der Urämie und der Erscheinungen bei Nieren-
krankheiten, deren Entscheidung sich hiernach von selbst ergiebt,
verspare ich mir bis zu der Besprechung der betreffenden Abschnitte
im Niemeyer'schen Handbuch.

§. 19.

Die resorbirende Thätigkeit der Placenta wird ersetzt durcl
den Darm.

Wenn wir die Massen betrachten, welche aus dem Mutterblu·
durch Diffusion in das kindliche Placentarblut übergehen, und
andererseits damit die durch den Darmkanal aufgenommenen Stoffe
vergleichen, so finden wir einen wesentlichen Unterschied. Da·
mütterliche Placentarblut bringt nur Stoffe, welche für den Orga
nismus brauchbar sind; diese Stoffe haben einerseits Lebercapillarer
und Lungencapillaren passirt, sie führen keinen Zucker mehr; di
Fette sind verseift oder sonst verändert; die *albuminate* sind mehr
oder weniger modificirt. Es findet dabei in der Placenta kein
massenhafter Wasserverlust wie in den Lungen statt. Verschieden
Momente weisen darauf hin, dass nicht allein der Darmkanal mi
seinen Drüsen, sondern eben so sehr das Blut selbst, und zwa
die Blutkörperchen, besonders beim Durchgang durch die Lungen
capillaren, das Ernährungsmaterial für den Organismus brauchba
machen. Es erscheint der Darmkanal mit seinen Drüsen
bei aller Wirksamkeit seiner Verdauungssäfte, nur al
der Lieferant von Rohmaterial, welches durch di
organische Thätigkeit der Blutkörperchen erst verar
beitet werden muss.

Die nach Aufhören der Placentarcirculation disponibel wer
denden Kräfte müssen einmal dem Darmkanal, andererseits der
Blute zu Gute kommen.

§ 20.

Die Kräfte, über welche der Organismus zu verfügen hat
sind:
a) das functionelle Darmblut, also ein Theil des zweiten Placen
tarviertels;
b) der Theil des Ernährungsbluts der Placenta, welcher dei
gedachten resorbirenden Theil ernährte;
c) eine Maschine, bestehend aus
1) einem gewundenen Rohr, dessen Muskulatur durc
peristaltische Bewegung den Inhalt weiter befördert

2) einer Anzahl Drüsen, deren Zellen chemisch wirkende
Stoffe liefern, die sich den eingeführten Massen bei-
gesellen und die brauchbaren Theile derselben so weit
vorbereiten, dass sie in das Blut gelangen können;

3) einer Anzahl warziger Erhebungen mit Epithelien be-
setzt, zwischen denen sich die freien Mündungen
eines Kanalsystems befinden; ausser diesem Kanalsystem befinden sich in-.den Zotten noch die kleinen
Gefässstämme und Capillaren der Darmarterien sowie
Muskelbündel; das Kanalsystem mündet in das Strom-
gebiet der oberen Hohlvene.

Das functionelle Darmblut geht in die Intestinal-
arterien, gelangt in die Zotten, kann dort resorbiren,
und kommt durch die *vena portarum* in die Leber,
wie im Foetus; dort durch den Leberast der Umbilicalvene, hier durch die *vena portarum*. Die *vena
portarum* führt also ausser:

a) dem foetalen Intestinalblut
b) das functionelle Intestinalblut.

Bis dahin hat der linke Ventrikel dasselbe gethan, wie im
Foetus. Er hat eine Blutmenge das functionelle Intestinalblut durch
Resorptions- und Lebercapillaren geführt; eine weitere Aufgabe
hat er nicht zu lösen; was noch nöthig ist, muss ein anderer Antheil seiner Kraft, der das zur Ernährung des gedachten secretorischen Theils der Placenta verwandte Ernährungsblut trieb, besorgen, resp. die diesem Antheil des Ernährungsbluts anhaftenden
Kräfte. Das Ernährungsblut des gedachten resorbirenden Theils
der Placenta hat folgende Aufgabe zu lösen:

1) Stoffe herbei zu schaffen;

2) das brauchbare Material dieser Stoffe resorptionsfähig zu
machen. Diffusionsfähig ist nicht nöthig, da der Transport durch
offene Ostien eines Kanalsystems vermittelt werden kann.

3) Da im Foetus nicht nur das functionelle Intestinalblut, sondern das ganze Placentarblut resorbirt, so muss er eine Maschine
in Thätigkeit setzen, welche im Stande ist, die früher vom ganzen
Placentarblut mit Ausnahme des functionellen Intestinalbluts resor-
birten Stoffe dem Blute zuzuführen;

4) die aufgenommenen und in das Blut transportirten Massen geniessbar zu machen.

Das Ernährungsblut des resorbirenden Theils der Placenta löst die Aufgabe in folgender Weise:

Der linke Ventrikel schickt einen Theil desselben in die Muskeln und Drüsen, des Mundes, Magens etc. um

a) die *ingesta* fortzuschieben;

b) ihre brauchbaren Substanzen aufzulösen oder so zu verkleinern, dass sie im ersten Fall durch Diffusion in Blut- oder Chylusgefässe, im zweiten Fall (Fetttröpfchen) auf mechanischem Wege in das Saftkanalsystem der Zotten hineingelangen können.

Die zweite Aufgabe hätte der Organismus auf drei Arten lösen können.

Er konnte einmal, wie bei der Respiration, die Menge des gleichzeitigen Capillartransports abermals vermehren, um dem functionellen Intestinalblut so wie Blut mehr hinzuzufügen, dass die Summe der resorbirenden Massen dieselbe war, wie im Foetus. Er hätte dann eine neue Saug- und Druckpumpe für das Blut, wie bei der Respiration durch das disponibel gewordene Ernährungsmaterial der Placenta unterhalten müssen.

Er konnte zweitens, wie in den Nieren, eine Diffussionsdifferenz herstellen, um das functionelle Intestinalblut zu veranlassen, so viel Stoffe aufzunehmen, als das ganze Placentarblut aufzunehmen im Stande war. Er konnte ja einen Theil des Ernährungsmaterials der Placenta in den Epithelien der Zotten verbrennen, um dieselben ähnlich wie die Nierenepithelien zu einer Leistung für die Resorption, zu einer Function zu veranlassen. Ob er das thut oder nicht, wird sich schwer beweisen lassen. Nur scheint es, obschon ich es nicht beweisen kann, als ob in der That die Epithelien der Zotten eine Leistung ausübten. Dieselbe scheint aber nicht ausreichend zu sein, um die Nahrungsstoffe so weit vorzubereiten, wie das foetale Placentarblut sie aus dem Mutterblut erhält.

Es kann aber der Organismus beide Wege nicht einschlagen, denn sowohl der erste wie der zweite beruhen auf der Voraussetzung, dass die zu resorbirenden Stoffe bequem und rasch diffundiren können. Da diese Vorbedingung nicht erfüllt ist, indem die Thätigkeit des Darmkanals nur einen Theil der Stoffe leicht diffundirbar macht, ein anderer Theil dagegen, z. B. die Fette, noch diffusionsunfähig bleibt, da sie zum grossen Theil nur in feine Kügelchen zerlegt werden, oder wie z. B. einige *Albuminate*, nur so weit gebracht werden können, dass sie mit einem sehr grossen Diffusionsaequivalent übergehen, so sind dem Organismus diese beiden Wege verschlossen. Es bleibt ihm nur übrig, einen dritten Weg einzuschlagen, um die schwer diffundirbaren oder diffusionsunfähigen Massen auf mechanischem Wege mit Hülfe einer Saug- und Druckpumpe in das Blut zu pressen. Er verbrennt also einen Theil des Ernährungsmaterials der Placenta in den Muskeln des Darms und der Zotten, presst die Fettkügelchen und die schwer diffundirenden Eiweisslösungen in die offenen *Ostien* eines Saftkanalsystems, um sie dem Blute zuzuführen. Diese *vis a tergo* treibt den sogenannten Chylus, d. h. einerseits Stoffe, die auch durch blosse Diffusion, wie in der Placenta hätten aufgenommen werden können, andererseits undiffundirbare oder schwer diffundirbare Stoffe, die im Foetus das mütterliche Blut schon so verarbeitet hatte, dass sie in der Placenta leicht in das foetale Blut gelangen konnten. Dass eine *Vis a tergo* für den Chylus vorhanden sein muss, ist sehr klar. Die sogenannte Aspiration des Thorax kann die Strömung nicht erklären. Ich würde dieses Factum nicht mit einer solchen Sicherheit aussprechen, wenn nicht v. Recklinghausen und Jacobson, wie ich eben gelesen, dasselbe noch kürzlich constatirt hätten. Diese unglückliche Aspiration des Thorax muss immer herhalten, wenn dunkle Punkte zu erklären sind.

§. 21.

Ein Theil des Ernährungsmaterials der Placenta muss im Blute selbst verbleiben; denn das Blut ist nicht nur das Mittel, Stoffe abzugeben und einzunehmen, der Ueberträger; das Blut ist ein Organ, wie jedes andere auch, wie Nieren, Herz und Lungen, ein Primitivorgan, wie jene. Es besteht wie jene, aus Zellen mit ihrem Zellenbezirk. Wenn die Intercellularsubstanz zufällig flüssig ist, so ist das histologisch eine sehr grosse Nebensache. Das Blut erhält im Foetus ausser den Stoffen, die von demselben als Ueberträger den kindlichen Organen zugeführt werden, noch

a) Ernährungsmaterial für seine eigene Existenz. Nach Aufhören
der Placentarcirculation erhält es

b) einen Theil des Ernährungsmaterials der Placenta, das der
gedachten resorbirenden Theil ernährte, damit die Blutkörperchen im Stande sind, eben so wie die Nieren, eine
Leistung, die dem Gesammtorganismus zu Gute kommt, auszuüben. Denn eine Anzahl Producte, die das mütterliche
Blut ihm durch Diffusion übergab, muss es selbst aus Rohmaterial herstellen. Dazu braucht es einen Antheil von der
Ernährungskraft der Placenta.

Wozu hat das Lebervenen-Blut Zucker? Warum ist er fort
wenn das Blut in den Pulmonalvenen angelangt ist? Der Zucker
hat als solcher mit der Körperernährung nichts zu schaffen. Um
bloss Wärme herzustellen durch Alcoholisirung und Verbrennung
zu Kohlensäure und Wasser, das kann der Organismus bequemer
haben.

Ist der Zucker eine zu Nichts als zur Wärmeproduction ver
werthbare Substanz? Würde dazu der Organismus erstens Ernähr-
rungsmaterial in der Leber verbrauchen, zweitens ein so grosses
Organ, wie die Leber, in Function setzen, drittens eine bedeutende
Menge Sauerstoff verwenden, dessen Erlangung ihn ohnehin schon
einen starken Kraftaufwand kostet, nur um Wärme zu schaffen?
Es ist eine ganz hübsche Theorie von den plastischen und wärme
erzeugenden Substanzen. Welche geistreiche Theorie wäre nicht
hübsch? Wenn die Kohlenhydrate und Fette uns bloss vor Kälte
schützen sollten, so halte ich die menschliche Maschine für sehr
unvollkommen. Um uns vor Kälte zu schützen, dazu braucht der
Organismus nicht eine so furchtbare, complicirte Maschinerie und
eine so enorme Kohlenmenge zu verwenden. Das kann er billiger
haben durch eine wenig Stoffwechsel erfordernde äussere Bekleidung
der Haut. Die Respiration, wie die Haut sind die Regulatoren
für den Wärme- und Wassergehalt des Organismus. Wärme is
nicht der Zweck, sondern der unvermeidliche Nebeneffect eine
Oxydationsapparats, den der thierische Organismus vorstellt. Diese
Nebeneffect ist so bedeutend, dass er dem Organismus schädlich
ist; er ist also ein Fehler des Organismus. Wasser ist ein zweite
Product der Oxydation, ein zweiter Fehler des Organismus. Beide
Fehler, beide Nebeneffecte seiner Leistungen benutz

der Organismus, um den einen durch den andern zu
neutralisiren, indem zur Verdunstung des Wassers
Wärme latent werden muss. Es ist nicht anzunehmen, dass
der Organismus bloss zur Wärmeproduction überhaupt auch nur
ein Atom Kohlenstoff und Sauerstoff verwende; er wird bei der
Verbrennung immer noch höhere Zwecke im Auge haben. Der
Foetus erhält ausser seiner Eigenwärme noch die Mutterwärme. Er
giebt sogar von seiner Eigenwärme durch das heisse Placentarblut
einen Theil an das kalte Mutterplacentarblut ab. Die Mutterwärme
wird später ersetzt durch die Function der eigenen Organe und
nicht allein ersetzt, sondern zu reichlich ersetzt. Denn die Muskel-
action, die Nieren- und Darmdrüsenthätigkeit producirt als Nebeneffect viel Wärme. Wenn wir zur Wärmeproduction allein Stoffe
verwenden sollen, warum thun wir das denn auch im Foetalleben,
wo die Mutterwärme unsere Temperatur constant erhält, wo wir
also gar keine Veranlassung haben, Wärme zu produciren. Wenn
also schon die foetale Eigenwärme so bedeutend ist, dass wir einen
Theil abgeben müssen, um wie viel bedeutender muss der spätere
Wärmeüberschuss sein! Die Kohlenhydrate und Fette müssen also
eine andere Aufgabe haben, als ihnen Viele zuschreiben. Ich lasse
es dahingestellt, ob einige nicht wirklich nur verbrannt werden,
um durch die im Moment der Verbrennung entstehende Wärme
den Blutkörperchen die Ausübung ihrer functionellen Leistung
möglich zu machen. Ich bestreite aber ganz entschieden, dass diese
Oxydation lediglich zu dem Zweck geschieht, um uns vor Kälte
zu schützen.

§. 22.

Das Blut im Foetus ernährte sich selbst nur mit so viel Stoff,
als zu seiner Erhaltung und Neubildung nöthig war. Nach der
Geburt muss es mehr Stoffe erhalten, weil es, wie die Nierenepithelien, in eine functionelle Reizung geräth. Diese wird hervor-
gerufen:
    1) durch die Anwesenheit von Rohmaterial, welches in das-
selbe gelangt. Es muss diese Massen verarbeiten. Die Nieren arbeiten durch Verbrennung der schon gebrauchten Stoffe. Das Blut
bewirkt wahrscheinlich etwas Aehnliches. Es muss durch Oxydation

brauchbare Substanzen schaffen, die den zu ernährenden Theilen
zu Gute kommen. Es scheint dies nur in den Lungen, also durch
den activen Sauerstoff möglich zu sein, da der Zucker nach dem
Durchgang durch dieselben verschwunden ist.

Der *ductus thoracicus* führt die Fette, *Albuminate* etc., die
Lebervene den Zucker zu. Ein Theil des Ernährungsmaterials
der Placenta, der zur Unterhaltung der functionellen Thätigkei
des Blutes gebraucht wird, geht daher in die Leberarterie, um in
der Leber Zucker zu machen. Mögen wir Kohlenhydrate geniessen
oder nicht, immer producirt die Leber Zucker, weil, wie schon
erwähnt, vielleicht die im Moment der Verbrennung desselben entstehende Wärme oder sonstige durch seine Zersetzung entstehender
chemischen Kräfte nothwendig sind zur Leistung der Blutkörperchen in Betreff der Bereitung des eingeführten Rohmaterials. So
geht ein Theil des Sauerstoffs schon in den Lungen verloren, der
andere geht mit in die Körpercapillaren. Die Lungen sind daher
nicht allein ein Blasebalg, nicht allein eine Saug- und Druckpumpe
sondern auch, abgesehen vom Gaswechsel, ein für die Bereitung
der richtigen Blutmischung wichtiges Organ. Das Lungencapillar-
blut führt eine Anzahl Hochöfen, die mit Hülfe einer Leistung der
Leber unter dem Einfluss des activen Sauerstoffs an den eingeführten Substanzen eine Function ausüben. Ein Theil vom Ernährungsblut des resorbirenden Placentartheils ist in die Leber
gegangen, hat als überschüssiges Nährmaterial der Leberzellen die
Ausübung einer, zu ihrer Ernährung überflüssigen Leistung, die
Zuckerproduction möglich gemacht. Ein anderer Theil des Ernährungsmaterials der Placenta verbleibt im Blute selbst und macht
es den Blutzellen möglich, eine zu ihrer Ernährung überflüssige
Leistung, eine Function auszuüben, die ihnen im Foetus nicht zu-
kam. An der Nierenthätigkeit haben wir den Beweis, dass der
Organismus nur gewisse Oxydationsstufen benutzt. Er kann nicht
ohne sich zu schaden, alles bis zum Harnstoff abnutzen. Wenn
nun die untere Grenze vor der möglichen Oxydations-
grenze liegt, warum sollte die obere Grenze mit der
niedrigsten Oxydationsstufe beginnen? Warum sollen
die niedrigsten Oxydationsstufen nicht ebenso ungeniessbar sein wie
die höchsten! Der Foetus erhält nur geniessbare Substanzen, denn
das Mutterblut hat schon die nothwendigen Veränderungen aus-

geführt; später erhält das Blut unpräparirte Sachen, die nur so weit verändert sind, dass das Blut sie aufnehmen kann. Verarbeiten muss das Blut diese Dinge selbst. Ich frage nochmals: Wozu hat das Blut Zucker nöthig? Um ihn in Alkohol zu verwandeln und diesen zu verbrennen? Wozu muss es Alkohol verbrennen? Etwa um latente Wärme für das abzugebende Wasser zu erhalten? Warum giebt es in den Lungen Wasser ab? Ist das zur Aufnahme des Sauerstoffs nöthig oder zur Abgabe der Kohlensäure? Wenn wir dieses annehmen wollten, so müssen wir glauben, dass die Natur nicht im Stande ist, eine Respirationsmaschine zu construiren, die ohne Stoffvergeudung arbeiten kann.

Das Thier ist ein Oxydationsapparat. Indem der Sauerstoff sich in den Lungen chemisch an das Blut bindet, entwickelt er seine intensivste Thätigkeit. Die Körper zeigen ihre chemischen Eigenschaften am stärksten beim Eintritt in eine Verbindung oder beim Austritt aus einer solchen. Sollte der Organismus einen solchen Moment ungenutzt vorübergehen lassen, ohne ihn zu verwerthen?

Der Sauerstoff, welcher in den Lungen aufgenommen wird, die Kohlensäure, das Wasser und die Wärme, welche abgegeben werden, bestehen nach dieser Vorstellung aus zwei verschiedenen Massen; der eine Theil des Sauerstoffs wird in den Lungencapillaren selbst zu chemischen Verbindungen verwandt; das Lungenvenenblut führt den andern freien Theil des Sauerstoffs als Ueberträger zu den Körpercapillaren. Das Lungenvenenblut enthält also nicht so viel freien Sauerstoff, als in den Lungencapillaren aufgenommen wird.

Eben so wenig führt das Lungenarterienblut so viel Kohlensäure, so viel Wasser und so viel Wärme, als in den Lungen abgegeben wird. Nur ein Theil der in den Lungen stattfindenden Abgaben wird in den Geweben producirt und durch die Lungenarterie den Capillaren zugeführt. Ein anderer Theil Kohlensäure, Wasser und Wärme entsteht erst durch die functionelle Thätigkeit der Blutkörperchen bei dem Passiren der Lungencapillaren. Diese Nebenproducte entweichen im Moment ihrer Entstehung sofort nach aussen, so dass die Ventilation zugleich als Rauchfang für die Nebenproducte der functionellen Thätigkeit der Blutkörperchen dient.

Der active Sauerstoff, also eine normale Respiration ist für diese Thätigkeit der Blutkörperchen erforderlich.

Virchow neigt sich der Ansicht zu, dass Fibrin oder fibrinogene Substanz ein normales Umsetzungsproduct der Gewebe, namentlich des Bindegewebes sei. Dieses werde bei ungetrübter Ernährung in mässigem Grade gebildet und von den Lymphgefässen dem Blute zugeführt, welches hierdurch seinen normalen Fibringehalt erhält. Bei entzündlichen Vorgängen werde die Bildung des Fibrins in den entzündeten Organen beträchtlich gesteigert, ein Theil desselben bleibe in den Geweben, ein anderer grösserer Theil werde von den Lymphgefässen dem Blute zugeführt und bewirke dort *Hyperinose*.

Ich bestreite diese Ansicht durchaus nicht. Ich constatire nur, dass man vielleicht eine andere Erklärung, wie mir scheint, auch zulassen kann.

Fibrin gehört mit zu den Albuminaten, die als solche nicht verwendbar sind. Die in functionelle Reizung versetzten Blutkörperchen können ihre Function nur unter dem Einflusse der chemischen Sauerstoffaufnahme lösen. Es kann die Umwandlung unbrauchbarer Stoffe nur in .den Lungencapillaren vor sich gehen, weil dort allein sich activer Sauerstoff befindet. Bei Respirationshindernissen, besonders bei Pneumonie können die Blutkörperchen in den Lungen ihre Leistung nicht ausüben, weil die durch die Capillaren des entzündeten Theils laufenden Blutkörperchen Mangel an activem Sauerstoff erleiden. Daher muss sich Fibrin anhäufen, weil es nicht in isomere oder höher oxydirte Albuminate verwandelt wird.

Ich glaube nicht, dass man die *Hyperinose* als eine Leistung (Virchow) der Pneumonie bezeichnen kann. Mit demselben Rechte kann man die Unterdrückung der Harnstoffproduction in den Epithelien bei einer *Nephritis* als eine Leistung der Nieren bezeichnen.

Wenn man das Blut also nicht nur als ein *mixtum compositum* betrachten muss, sondern als ein selbständiges Organ, das nicht nur zu seiner Existenz ernährt wird, um als unthätiges Medium des Stoffaustausches zu dienen, sondern noch eine Leistung ausübt, so muss man mit demselben Recht, mit dem man Erkrankungen anderer Organe, der Nieren etc., annimmt, auch Erkrankungen der Blutkörperchen anerkennen, die ihre Leistung modificiren.

Vielleicht gehört hierhin eine Anzahl der sogenannten Infections-
krankheiten.

§. 23.

Man erlaube mir einen kurzen Rückblick. Ich ging von der
Annahme aus, dass die Stoffeinnahmen vor der Geburt dieselben
seien, wie nach der Geburt.

Wir hatten in der Placenta ein Organ vorgefunden, das nicht
allein die respiratorische, resorbirende und secretorische Thätigkeit
ausübte, sondern auch präparirte Substanzen durch Diffusion auf-
nahm, welche später im Blute erst verarbeitet werden können.
Wir sahen später die Placentarthätigkeit erlöschen, das Ernährungsmaterial derselben verfügbar werden. Andererseits wurden ihre
Functionen von anderen Organen übernommen. Wenn die Existenz
der Placenta, oder, was dasselbe bedeutet, das zur Erhaltung derselben verwandte Ernährungsmaterial im Stande war, den Bedürf-
nissen des Organismus zu genügen, so müssen wir selbstverständ-
lich annehmen, dass es nach der Geburt denselben genügt. Denn
wenn ausser der enormen Veränderung, die der Organismus bei
der Geburt durch den Wechsel des Mediums erleidet, noch eine
Störung des Gleichgewichts einträte, so liesse es sich nicht erklären,
wie wir diese grosse Umwälzung ertragen könnten.

Die Natur hat im Körper eine Anzahl Maschinen angelegt,
in der sie das disponibel gewordene Ernährungsmaterial verbrannte,
um damit denselben Effect, wie im Foetalleben, d. h. eine bestimmte
Summe von Leistungen zu erreichen.

Bei der idealen Circulation hatten wir uns überzeugt, dass
zwei Viertel des im grossen Kreislauf befindlichen, aus drei Vierteln
bestehenden Capillarbluts ohne Gaswechsel blieb, dass also der
Organismus nur ein Drittheil des Gaswechsels, den er nöthig hat,
vollziehen konnte.

Er war daher gezwungen, das in der Zeiteinheit aus den
Capillaren ausfliessende Blut um die Hälfte zu vermehren, ohne
dadurch die durchschnittliche Stromgeschwindigkeit des Blutes zu
verändern. Er erreichte dieses dadurch, dass er den Zuschuss des
Capillarbluts einen Umweg machen liess, so dass bei derselben
Stromgeschwindigkeit ein um die Hälfte vermehrter Capillartrans-

port stattfinden konnte. Er hatte zu dem Ende im Voraus eine Maschine angelegt, welche nicht allein die Hälfte des foetalen Capillarblutes (also des Inhaltes beider Ventrikel, wobei ich den Inhalt des rechten Ventrikels entsprechend seiner Kraft als ein Dritte. vom Inhalt des linken Ventrikels betrachte), also ein Drittel des extrauterinen Capillarbluts den Umweg durch ein Capillarnetz treibt also mit der halben Kraft beider Ventrikel arbeitet, sondern auch durch dreifache Erweiterung eines Viertels der Gesammtcapillarer gleichsam ein neues Capillarnetz von dem halben Querschnitt der Körpercapillaren herstellt, und den bei der idealen Circulation au: ein Drittel des Bedürfnisses herabgedrückten Gaswechsel durch eine isochronisch mit der neuen Blutpumpe arbeitende Ventilation nor. mirt. Dasselbe Capillarnetz benutzte er, um durch activen Sauer: stoff den Blutkörperchen die Möglichkeit zu geben, ihre functio- nelle Thätigkeit auszuüben, die im Foetus nicht in dem Grade vor: handen war, weil sie keine Albuminate, Kohlehydrate und Fette für den Organismus zu verarbeiten und brauchbar zu machen hatten: Die Function der Blutkörperchen kostete ihm zur stärkeren Er- nährung derselben einen Theil des Ernährungsmaterials der Pla- centa, der im Blute selbst verblieb. Denn so wenig der Organis- mus die Endproducte der regressiven Metamorphose gebraucher. kann, sie vielmehr durch die Nieren verbrennt und ausführt, so wenig kann er die in der Reihe am höchsten stehenden Nahrungs- stoffe zur Leistung organischer Thätigkeit verwerthen. Nur die Mittelproducte, oder eine vielleicht mehr oder weniger isomere Umbildung der Anfangsglieder sind zur organischen Leistung ver: werthbar. Die Blutkörperchen haben also dieselbe oder eine ähn- liche Thätigkeit, wie wir sie den Nierenepithelien zuschreiben.

So schaffte er eine Saug- und Druckpumpe, eine Anzahl Abzugskanäle für Flüssigkeit. Die angelegte Ventilation führte nicht allein für die in den entfernten Körpertheilen verbrauchten und producirten Gase neue ein und ab, sondern diente auch als Rauchfang für die gasförmig entweichenden, unbenutzbaren Pro- ducte einer zahllosen Anzahl Laboratorien, die in jedem Augen- blick' das Capillarnetz passirten und beim Eintritt in dasselbe durch den activen Sauerstoff ihre Thätigkeit am lebhaftesten entfalteten.

Einen weiteren Theil des disponiblen Ernährungsmaterials legte er in den Nieren an. Von der Druckkraft, welche er zur

Nierencirculation verwenden konnte, ging durch Reibung in der Filtrirmaschine der *glomeruli* ein Theil verloren. Der Effect war die Herstellung eines Nierenödems von dem Volumen des späteren Harns, ohne seine aufgelösten Bestandtheile zu enthalten. Mit diesem diffundirte das functionelle Nierenblut der Capillaren. Er verbrannte einen Theil des Ernährungsmaterials der Placenta, um zwei möglichst verschiedenartige Flüssigkeiten herzustellen. Die functionelle Kraft der Epithelien, die durch dieses Nährmaterial erzeugt wurde, verbrannte so viel Stoffe der regressiven Metamorphose aus dem functionellen Nierenblut allein, dass durch die gesteigerte Diffusionsdifferenz sein Verlust gleich war dem secretorischen Verlust des ganzen Placentarbluts. Die vier- bis sechsfache Steigerung des Diffusionstransportes wurde so möglich gemacht durch die Ungleichheit der diffundirenden Massen. Ein fernerer Theil des Ernährungsmaterials der Placenta wurde theils umgesetzt in chemische Kraft der Verdauungssäfte für die *Ingesta*, theils in Triebkraft für das den *Ingestis* entnommene Material, den Chylus, der im Blute verarbeitet werden sollte. Es musste dies desshalb geschehen, weil nicht nur das functionelle Darmblut, sondern die vielleicht vier Mal so grosse Gesammtblutmasse der Placenta dort resorbirte und zwar diffundirbare Stoffe resorbirte, ein Verhältniss, was bei der Darmresorption nicht stattfindet.

§. 24.

Das wäre der Beweis meiner drei Gesetze oder vielmehr nur ein Theil meiner Beweise, denn die Krankheitsbilder und Obductionsbefunde liefern wenigstens für einen Theil derselben noch eine enorme Menge Beweismittel, welche bei der beabsichtigten Besprechung über das Niemeyer'sche Handbuch zu Tage treten werden.

Eine Parallele, wie die, welche ich zwischen dem kindlichen Organismus kurz vor der Geburt und dem kurz nach derselben zu ziehen versucht habe, hat von mir nirgends aufgefunden werden können. Die aus dieser Parallele sich ergebenden Resultate stehen zum Theil in directem Widerspruch mit den gangbaren Ansichten der Physiologen und Pathologen.

So hat man z. B. bei der Respiration, der sogenannten Aspiration des Thorax einen gewissen Antheil der Circulation eingeräumt, aber meines Wissens nie ausgesprochen, dass die Respiration eine Triebkraft des Blutes von dem Kraftunterschiede beider Ventrikel entwickele. Ich habe nirgends gefunden, dass Jemand den alten Satz umzustossen versucht habe. „Valentin, 1844, Seite 43. Setzen wir den Widerstand, welcher bei dem gesammten Kreislauf zu überwinden ist $= 1$, so kommen genau $^2/_3$ desselben auf den Körper, und $^1/_3$ auf den Lungenkreislauf. Wenn Andere von diesen Zahlen abweichen, so rührt das nur daher, dass die Einen die Verhältnisse der Herzkräfte anders annehmen wie $1 : 3$, wie $1 : 2^1/_2$ etc. Die Widerstände beider Kreislaufshälften als annähernd gleich zu betrachten, die Lungen neben ihrer lufterneuernden Thätigkeit und neben der sogenannten Aspiration des Thorax als eine Saug- und Druckpumpe des Blutes zu betrachten, habe ich nirgends gelesen und nirgends gehört. Auch weiss ich nicht, dass schon Jemand den foetalen Kreislauf, die ideale Circulation die Uebergangscirculation und das Gleichgewicht der Kräfte ante et post partum in der von mir angegebenen Weise vorgeführt hatte. In einer Ausgabe vom Niemeyer 1863 finde ich sogar Seite 107, Band 2 folgenden Satz: „In demselben Grade als (bei gesteigerter Herzaction) somit der Zufluss zu den Capillaren verstärkt ist, ist der Abfluss aus ihnen erleichtert; die Circulation wird beschleunigt, ohne Vermehrung des momentanen Blutgehaltes der Organe. Wenn sich andere Verhältnisse in den Lungen finden, wenn hier in der That vermehrte Herzaction allein Hyperämie hervorruft, so versuchen wir nicht, diesen Umstand zu erklären, da wir nicht einmal die normalen Circulationsverhältnisse in der Lunge hinlänglich kennen, da uns selbst der normale Blutdruck in der Pulmonalarterie bei geschlossenem Thorax unbekannt ist."

Ich bin überzeugt, dass ähnliche Gedanken schon Manche im Stillen gehegt hat. Aber es ist natürlich, dass man sich scheut sie auszusprechen, weil es ein Angriff ist auf das ganze bisherige System der Lungen- und Herzkrankheiten etc., weil man in unmittelbarer Consequenz dieser Anschauungen gezwungen ist, Angriffe zu machen auf beobachtet sein sollende Thatsachen und geistreiche Erklärungen, die von Männern gemacht worden sind, welchen die Wissenschaft den Lorbeerkranz auf die Stirn gedrückt hat. Ich kann mir aber nicht helfen. Ich habe die Ueberzeugung von der Richtigkeit meiner Lehre, von der Gültigkeit meiner drei Gesetze und weil ich die Ueberzeugung habe, so spreche ich sie offen aus, mit der Bitte, mich eines Bessern zu belehren, wenn auch ich dem allgemeinen Gesetz des menschlichen Irrthums verfallen bin.

§. 25.

Es fällt mir ein, dass ich von der Niemeyerschen Erkläruug des Lungenödems bei Halsbräune ausgegangen bin; ich kehre zu meinem Ausgangspunkte zurück und gebe die versprochene Erklärung für das Oedem.

Die Herstellung der Athmungsbreite und die Grösse der Athmungscapacität hat bestimmte Gränzen.

Wenn bei normaler Respiration die Venen sich stärker ausdehnen, wie die Arterien, so kehrt sich dieses Verhältniss bei angestrengter Inspiration um. Die Arterien sind vollkommen elastische Körper im Vergleich zu den Venen, d. h., sie lassen sich sehr lang dehnen, setzen der Ausdehnung und Verlängerung einen bestimmten Widerstand entgegen, und federn beim Nachlassen dieses Widerstandes mit grosser Energie zurück. Die Venen sind wenig elastisch, d. h. sie lassen sich mit einer geringen Gewalt bis zu einem bestimmten Grade leicht ausdehnen; lässt dann die Gewalt nach, so streben sie allmählig ihre ursprüngliche Länge anzunehmen. Wirkt die Gewalt weiter, so lassen sie sich bei einer Verlängerung, in welcher vollkommen elastische Körper sich weiter dehnen lassen, nicht weiter ausdehnen, ohne zu zerreissen. Aehnlich verhalten sich die Capillaren. Wenn die negative Druckschwankung des Thorax einen bestimmten Grad erreicht, bis zu dem das Maas der Erweiteruug proportional war dem Grad der Druckschwankung, so hört von da an diese proportionale Erweiterung auf. Sie erfolgt in geringerem Grade oder gar nicht mehr.

Diese Differenzen zwischen den Arterien einerseits, welche einer enormen Verlängerung fähig sind, und den Venen und Capillaren andererseits, bei denen schon eine geringe Kraft eine bedeutende Verlängerung und Erweiterung bewirkt, eine grosse aber nicht proportional dem Kraftzuwachs die Verlängerung und Erweiterung steigern kann, muss man wohl im Auge behalten.

Wenn durch irgend welche Ursache die Herzaction beschleunigt wird, wenn z. B. der linke Ventrikel zwei Mal so viel Blut, wie gewöhnlich in der Zeiteinheit treibt, so muss die Respiration um ihren Antheil von zwei Drittel zu liefern, enorm arbeiten. Bis zu einem gewissen Grade geht das. Die grosse Saug- und Druck. pumpe der Respiration kann bis zu einem bestimmten Punkte pro portional der stürmischen Herzaction nachkommen. Ist dieser Punkt aber eingetreten, so tritt der Moment ein, wo die Respiration wob noch im Stande ist, die Arterien zu verlängern und zu erweitern wo aber die Athmungsbreite der Capillaren und Erweiterungsfähig. keit der Venen ihre Grenze erreicht hat. Obschon, da die Be schleunigung der Herzaction immer eine grössere Spannung de. Arterien, eine geringere Spannung der Venen im Gefolge hat, auch die Lungenvenen weniger gefüllt sind, so ist dennoch die Abfuh des von der Pulmonalis gelieferten Blutes nicht möglich, da nicht der absolute Druck in den Venen, sondern die bei jeder Inspiration eintretende Druckschwankung nach der negativen Seite hin den Uebergang des vom rechten Ventrikel unabhängigen Lungentrans ports vermittelt. Wenn der hohe Pulmonaldruck, so weit er durch den rechten Ventrikel vermittelt wird, und der geringe Druck de Pulmonalvenen die Circulation beschleunigt, die Capillaren erweitert so hat dies doch auf den Lungentransport keinen Einfluss, es be hindert sogar denselben. Denn der Lungentransport wird nich durch die absolute Weite, sondern die transitorische Erweiterungs. fähigkeit der Capillaren vermittelt, die bei Steigerung der Normal breite vermindert wird. So ist bei hohen Anforderungen an di Saug- und Druckpumpe der Lungen dieselbe nicht mehr im Stande ihr Quantum Blut zu liefern. Wohl kann die gesteigerte Action der Muskeln die Arterien noch erweitern, aber die Einnahme bleibt zum Theil vor den Capillaren stehen. Jede neue Inspiration behäl einen Ueberschuss in der Pulmonalis. So steigert sich der Druck von einer Respiration zur anderen und acutes Lungenödem m: capillaren Zerreissungen ist die nothwendige Folge. Das sind di. anderen Verhältnisse, wie Niemeyer sie Seite 107 nennt. Das is der Grund, warum vermehrte Herzaction allein in den Lungen Hy perämie hervorruft und nicht in den anderen Organen. Es ist hie nicht die gesteigerte Herzaction, sondern das Be. streben der Lunge, proportional der gesteigerten Herz action zu arbeiten und Ansprüchen auf Bluttranspor nachzukommen, denen wohl die respiratorische Kraft

aber nicht die durch die Kraft getriebene Maschine nachkommen kann, weil die Einrichtung derselben, die Athmungscapacität der Venen und die Erweiterungsfähigkeit der Capillaren eine Gränze hat, deren Ueberschreitung die Natur bei der Construction des Organismus nicht vorhersah. Wie der Dampfkessel einer, auch der vollkommensten Maschine, bei zu hoher Spannkraft der Dämpfe springt und zwar an den schwächsten Stellen, so ist es auch mit den Lungencapillaren. Blutungen erfolgen, so bald das eintretende Oedem den immer stärker werdenden Druck der Pulmonalis nicht mildert, und wenn dasselbe ihn einerseits mildert, so ist es andererseits ein Mittel zur Steigerung, indem die dadurch erwachsende Dyspnoe zu noch grösseren Respirationsanstrengungen auffordert. Der Sauerstoffmangel mit der Ueberladung der Kohlensäure reizt die Circulations- und Respirationsorgane. Es tritt beim Croup jenes Missverhältniss ein, welches ich oben hervorhob, wo ich sagte: „Der gemeinsame Regulator für alle drei Maschinen ist der Sauerstoff und Kohlensäuregehalt des arteriellen Blutes, dessen geringste Veränderung die Maschinen stärker oder schwächer arbeiten lässt. Erleidet durch besondere Verhältnisse eine der drei Maschinen eine Störung, so dass die Arbeitsgrösse des gemeinsamen Triebrads sich steigern oder vermindern muss, um die Störung auszugleichen, so macht diese Ausgleichung auf der einen Seite eine Störung auf der anderen."
Die Ventilation ist gehindert, der gemeinsame Regulator veranlasst das gemeinsame Triebrad zu grösserer Thätigkeit, um die Ventilation normal zu machen. Die Saug- und Druckpumpe muss demzufolge auch grössere Massen transportiren, aber die dritte Aufgabe der Respiration, die Schaffung der Abzugskanäle für den von der Pulmonalis aufgenommenen Transport kann nicht hinreichend ausgeführt werden. Die gespannten Capillaren und kleinen Arterien suchen sich durch Filtration zu entleeren, ein freier Erguss in das Luftkanalsystem, sowie capilläre Zerreissungen sind die unvermeidlichen Folgen.
Lungenhyperämie und Oedem entsteht nur bei Respirationsversuchen, wenn der von der Pulmonalis aufgenommene Lungentransport nicht vollständig in die Pulmonalvenen hinübergeschafft wird (der rechte Ventrikel hat mit Lungenödem nichts zu thun), indem die Her-

stellung der Athmungsbreite und der erforderlichen Athmungscapacität der Venen nicht ausreichend ist; sei sie absolut unmöglich
bei zu hoher Steigerung des Transports, oder relativ unmöglich (durch
Stauung verhindert) bei normalem oder verringertem Transport.

§. 26.

Eine oberflächliche Betrachtung könnte hieraus den Schluss
ziehen wollen, dass jene classische Trennung der blassen und
dunkeln Cyanose, d. h. der Kohlensäurevergiftung und Stauung
unrichtig sei, da Seite 23, 1863, I. Band, Zeile 13 von oben es
heisst „es muss mit grosser Gewalt Blut aus den Venen ausserhalb des Thorax in die Venen innerhalb des Thorax eingesogen
werden, so bald ein Mensch mit verengerter *Glottis* tief zu in-
spiriren sucht und die Luft in der Lunge verdünnt." Scheinbar
ist es das Gegentheil von meiner Erklärung, in Wirklichkeit durchaus nicht. Denn an dieser Stelle ist von der sogenannten Aspiration des Thorax die Rede, von den Gefässen *extra pulmones.* Die
beiden Saug- und Druckpumpen des kleinen Kreislaufs beziehen
ihren Transport aus den Thoraxvenen. Ihre gesteigerten Ansprüche
saugen das Blut schneller in die Thoraxvenen hinein und bis zu
einer gewissen Höhe in die Lungenvenen. Nur den Fehler lässt
sich der Verfasser zu Schulden kommen, dass er hier aus dem
niedrigen Druck der Lungenluft das Lungenödem erklärt. Er will
dasselbe, wie der Vergleich mit dem Schröpfkopf beweist, unmittelbar vom niedrigen Druck herleiten; ich dagegen betrachte den
niedrigen Barometerdruck, wenngleich ich nicht leugnen will, dass
er eine gewisse Blutfülle setzt, als Nebensache. (Denn er ist,
J. Band, Seite 107, Fluxionen zur Lunge bei gesteigerter Herzaction, zum Zustandekommen des Lungenödems vollständig überflüssig). Beide sind die Folge der
gehemmten Ventilation, die einerseits den Barometerdruck sinken,
andererseits die grosse Saug- und Druckpumpe des kleinen Kreislaufs stärker arbeiten lässt, als dass die Schaffung der Abzugskanäle, die Herstellung der erforderlichen Athmungsbreite der
Lungencapillaren damit Schritt halten könnte.

Es ist gar kein Wunder, dass die Franzosen bessere Erfolge
in der *Tracheotomie* haben, als die Deutschen und Engländer

Man nimmt sie ja in so vielen Stücken zum Vorbild, warum verschmäht man es denn in diesem einen Punkte, wo sie in der That im Rechte sind, ihnen nachzueifern.

Der oft schlechte Erfolg der Tracheotomie ist der zu spät gemachten Operation zuzuschreiben. Die Hauptschuld trägt der zögernde Operateur, der die hochgradige Dyspnoe und das nothwendig erfolgende Oedem erst abwartet. Besser eine zu früh gemachte oder überflüssige Operation, als die Verzögerung der Tracheotomie um eine einzige Stunde, vorausgesetzt dass es sich nur um Kehlkopfsbräune handelt ohne diffuse Diphteritis der Luftröhre und ihrer Aeste.

„Je früher man dieselbe vornimmt, (Seite 29, Zeile 6 von unten) um so mehr hat man zu hoffen, dass nicht Bronchialcatarrh, Lungenhyperämie und Lungenödem die Prognose der Operation verschlimmern."